音楽の記憶

僕をつくったポップ・ミュージックの話

印南敦史

自由国民社

はじめに

本書を手にとっていただき、ありがとうございます。

僕は本を書いたり、書評やエッセイなどを寄稿している人間です。したがって、ちょっと変わった苗字を見て、「書評でたまに名前を見かけるやつが、なんで音楽の本を出したんだろう？」と不思議に思われる方もいらっしゃるかもしれません。でも、そこには理由があって、実は文筆家としての原点は音楽ライターだったのです。別に、いまも音楽関連の執筆をやめたわけではありませんしね。

音楽ライターとして原稿料をいただくようになったのは１９９４年の4月、つまり27年前のことです。出発点は音楽専門誌『ミュージック・マガジン』で、以後（当時はたくさんあった）複数の音楽専門誌に原稿を書けることになったのです。

あのころは会社員との二足のわらじ状態でしたし、ましてや現代のように副業を認知するような空気も（少なくとも僕のいた会社では）希薄でした。そのため楽ではありませんでしたけれど、好きなことをやっているという気持ちが強かったため、非常に充実していたと思います。

そして以後、専門誌の編集に携わってから独立。R&Bのガイドブックなど音楽関係の書籍を何冊か出したのち、オールラウンドなフリーライターとなっていき、気がつけば書評家としての仕事に比重が移っていったのです。20年以上の流れを思いっきり簡略化してはいますが、大まかにご説明すれば、そういうことになります。

だからいまだに、古いつきあいのあるラッパーやDJなどから、「あの書評を書いてる人って印南さんだよね？いま、そういうことしてるの？」などと驚かれることがあります。長く続けていると、そういうおもしろいことが起きたりもするんですね。

ところで音楽関係の仕事が少なくなっていったのは、時代の変化の影響でもあります。音楽ライターになったばかりのころ、多いときでは10種近くの雑誌に書いていましたが、インターネットが浸透したことの影響もあり、音楽雑誌自体が減ってしまったということ。

また僕自身が、音楽雑誌に専門的な文章を書くことに疑問を感じるようになっていったことも理由のひとつではあります。もともと僕は、知識をひけらかすようなマニアックなアプローチがあまり好きではなく、その音楽をよく知らない人たちに「こういうのがあるから、聴いてみたら？」と提案するようなスタイルを貫いてきました。もちろん専門的な文章を求めている人もいるとは思うのですが、少なくとも自分には向いていないという気持ちが大きかったからです。

ましてやいまの時代、その音楽やアーティストの〝情報〟を知りたければ、検索すればこと足ります。だとすれば、その作業を音楽ライターや音楽評論家に求める必要もないということになります。ちなみに最近では肩書きに「音楽評論家」とも記しているのですが、それは「音楽は評論するようなものではない」という考え方に基づくアイロニーでもあります。ただの屈折しまくった考え方ですし、そんなことにはなんの価値もありませんけれど。

などという戯言《ざれごと》はともかく、つまり「他の人はともかく自分は、知識やデータの羅列とは別のアプローチをするべきだ」と考え続けてきたのです。だとしたら、それはなにか？　ずばり「経験」です。そのアーティストのどこに引かれ、その曲を聴いたときなにを感じ、そこからどのような影響を受けることになったか、その音楽から、どれだけ勇気づけられたかなど、自分にしかない経験を主軸とすることで、「よさそうだから、聴いてみようかな」と思ってもらえるような文章を書きたいと考えているのです。

データは検索すれば誰にでも手に入るけれど、僕の経験やそこから得た感動は、僕にしか伝えられないものだから。そしてそれは特別なことではなく、多くの人が「自分にも似たようなことがあったなぁ」というように共有していただけるものでもあるはずだから。帯に「ガイドブックではありません」と書いてあることには、そんな意味があるのです。

ところで１９６２年生まれの僕は、中高生のころにオーディオブームを通ってきた人間です。とはいってもお金がなかったので高級なオーディオなど揃えられるはずもなく、雑誌などに載っていたオーディオ・マニアの生活に憧れを抱いていただけなのですけれど。

ただ、そこから数十年の時が過ぎてハイエンド・オーディオの波が訪れた際には、「さすがにこれは追いきれない」と、オーディオに憧れを抱くこと自体を諦めることにしたのでした。

70年代のオーディオブームのようなものであれば、多少の工夫をすればマニアっぽい気分を味わうことはできなくもありませんでした。たとえばキットを利用してスピーカーを自作してみるとか。形だけに過ぎませんけれど、なんとなくマニアの気分に近づけたような気にはなれたわけです。

しかし何千万円ものお金がないと実現できないハイエンドとなると、さすがに話が違います。「スピーカーをつなぐケーブルは10万円以上」とか、「究極的には部屋そのものをつくらないとダメだ」みたいな世界なので、どう転がっても自分に到達できる世界ではなく、諦めざるを得なかったわけです。

　ところがテクノロジーの流れはすごいもので、気がつけば〝いい音〟はものすごく身近なものになっていたのでした。たとえば、その際たるものが「ハイレゾ（High-Resolution）」です。簡単にいえばCDをはるかに凌駕する情報量（表現力）を備えた音楽データのこと。楽しみ方にもいろいろな手段がありますが、何千万円どころか何万円程度で最高品質のサウンドを楽しめるようになったです。つまり、使えるお金に限りのある僕にも手が届くようになったということ。

　ちなみに僕がハイレゾの魅力を実感することになったのは、オーディオに詳しい友人が「システムをグレードアップするから」と、不要になったDACを譲ってくれたことがきっかけでした。

ＤＡＣとはデジタル・アナログ・コンバーター（Digital Analog Converter）の略で、デジタル信号をアナログ音声に変換する機器のこと。僕の場合はこれを利用し、外付けハードディスク内に納めてあるハイレゾ音源をパソコン経由でＤＡＣにつなぎ、いままで使っていた安いアンプとスピーカーで再生しているのです。

ぶっちゃけハードウェアにほとんどお金をかけていないのですが、驚くほどクリアなサウンドを体験できるようになったので、これからは少しずつシステムをグレードアップしていこうかとも考えています。つまりハイレゾが、一度は諦めたオーディオへの夢を再燃させてくれたわけです。

初めて聴いてみたのは、ダニー・ハサウェイの『ライヴ』という作品だったのですが、再生してみたら小型サイズのダニー・ハサウェイが目の前に現れて歌い始めたかのような錯覚すら覚えたので、非常に驚かされたものです。

で、そんなころに「e-onkyo music」というハイレゾ音源サイトのスタッフから「文章を書きませんか」とお誘いをいただいたのですから、なんとも絶妙なタイミング。それが、現在も続いている「印南敦史の 名盤はハイレゾで聴く」という連載です。最初の原稿をアップしたのが２０１７年12月８日だったので、もう３年も続けてきたことになります。

当然のことながら、連載の目的はハイレゾの魅力を伝えることでした。だとすれば、自分にはなにができるか、なにをすべきかと考えた結果、先に触れたような「体験」を軸にしたエッセイを思いついたわけです。クリアなサウンドで追体験すれば、僕の体験から紐づいていくであろう読者のみなさんの体験も、より鮮明なものになっていくはずだから。

つまりはそれが、「ガイドブックではない」理由。したがって、「あの名盤が載っていない」というようなこともあると思います。ガイドブック的な基準で選んでないからです。

ちなみに書籍化に際しては、連載のなかから厳選した原稿を大幅に加筆修正し、さらには書き下ろしも加えています。ほとんどが実体験を軸にしたものだからこそ、僕の部屋で一緒に音楽を聴きながら同じ時間を共有するような気持ちで読んでいただけるのではないかと思います。

なお近年は著作権の関係で、アルバム・ジャケット写真を掲載することが難しくなっているのだそうです。そのためちょっとモメたのですが（早い話、僕が『ジャケ写が掲載できないなんて納得できない！』と文句をいった）、それは仕方のないことなのかもしれません。ただし大半のアルバムにはQRコードがついていて、それを読み取ってもらえればe-onkyo musicにつながるため、ジャケ写も確認できるし試聴できるし、もちろんハイレゾ音源も購入できます。

ということで、けっこう使い勝手のある一冊でもあるのです。どうか、肩の力を抜いてお楽しみいただければと思います。

目次

01

マーヴィン・ゲイ『アイ・ウォント・ユー』

マーヴィンの〝夜の名作〟は思春期の少年には〝エロいソウル〟

Marvin Gaye
『I Want You』

名盤には、名盤としての根拠があるものです。クオリティの高さはもちろん、社会に与えた影響の大きさなどを含めて。つまり名盤扱いされる以上は、後世に語り継がれるだけの価値があるということ。

とはいえ、それらの魅力は「名盤だから」という既成事実だけで語り尽くせるものではないとも僕は感じています。それどころか、他の部分にこそ本当に重要なポイントがあるといっても過言ではない気すらしているのです。それはなにかといえば、聴いた人にとっての「原体験」。すなわち「はじめに」でも触れたとおり、本書の核になっている部分。データのようなものとは対極にある、きわめて〝個人的な体験〟です。
「そのアーティストのことを初めてリアルタイムで体験した作品」だったとか、「人生の重要な場面で背後に流れていた」とか、そういった〝個人的な体験〟は、「名盤である理由」としての〝情報〟以上に重要な意味を持つはずだと考えているわけです。場合によっては、それが世間的な評価を超越したり、あるいは感覚が世間のそれとは少しズレてしまう場合もあるでしょうが、それでもいいと思うのです。音楽との向い合いかたは、あくまで自分自身の問題なのですから。

　たとえば僕の場合、そのことを考えると、いつも思い出すのがマーヴィン・ゲイです。

　彼の最高傑作といえば間違いなく、１９７１年の『ホワッツ・ゴーイン・オン』。反戦曲であるタイトル曲以下、貧困や児童虐待など、当時のアメリカ社会に対する問題意識をコンセプト・アルバムという形式で表現した名作です。奥行きのあるサウンド・プロダクションも画期的ですし、〝シンガー〟ではなく〝アーティスト〟としてのマーヴィンの立ち位置を確立した作品でもあります。

もちろん僕にとっても、どれだけ聴いたかわからないほど重要な一枚。したがって否定する気など微塵もないのですけれど、「原体験」という尺度で捉えるとちょっと事情が違ってくるんですよね。そもそも『ホワッツ・ゴーイン・オン』のリリース当時はまだ9歳でしたから、絶対的に仮面ライダーの存在感のほうが大きかったし。

ソウル・ミュージックを知ったのは小学校の高学年のときだったので、そのころからマーヴィンも後追いで聴くことになったのです。といってもラジオで聴いたという程度で、具体的には1973年に出た『レッツ・ゲット・イット・オン』や『ダイアナ＆マーヴィン』あたりがそれに当たるかな。

だからそういう意味では、僕にとっての原体験たるマーヴィン・ゲイ作品は、『ホソッツ・ゴーイン・オン』から5年後の１９７６年に出た『アイ・ウォント・ユー』ということになるのです。ただし、このアルバムは14歳（厳密にいうとリリースされた時点ではまだ13歳）と中2病まっさかりだった少年にとっては、いろいろな意味で衝撃的でもあったのでした。

まずは、その「出会い」です。

当時は糸井五郎さんという伝説的なＤＪが活躍されており、僕がマーヴィン・ゲイのことを知ったのも、彼の「ソウルフリーク」というラジオ番組を〝たまたま〟聴いたことがきっかけでした。しかし、そもそも糸井五郎さんを介したこと自体に、大きなインパクトがあったのです。なぜって、当時は糸井さんが非常に有名な方だということなど知りませんでしたけれど、そのトークは「強烈」と表現するしかなかったから。

「はい、夜更けの音楽ファン（ファンではない）、ゴー・ゴー・ゴー・エンド・ゴー！」ってな感じで、そのスタイルにはインパクト抜群。というより、クセありすぎ。そのため、かかる曲よりも彼の話し方のほうが気になってしまい、「なんなんだ、この人は？」と、非常に戸惑ってしまったのです。

とはいえ番組では、他では聴けないようなソウルをガンガン流してくれたので、なんだかんだいってそれからずっと、彼の番組は聴き続けていました。そして、その数年後のある夜に、マーヴィン・ゲイの『アイ・ウォント・ユー』が特集されたわけです。その夜のことも、いまだによく覚えています。

なにしろタイトルが『アイ・ウォント・ユー』で、冒頭のタイトル曲からして妖艶な雰囲気なのです。女の人の喘ぎ声のようなものも聞こえます。おかげで前年にヒットしたドナ・サマーの『愛の誘惑』という、あえぎ声だらけのエッチな曲まで思い出してしまったりもして、大人のよくない部分を垣間見てしまったような気分にもなり、非常に戸惑ったのでした。

思えば１９７６年は、ピンク・レディーが『ペッパー警部』でデビューした年です。

テレビをつければ、露出度の高い服を着たふたりのお姉さんがセクシーなダンスを踊っていたわけです。で、夜になってラジオをつければ、妖艶な〝アイ・ウォント・ユー〟が聴こえてきたのです。しかも当時の僕は14歳です。そりゃー、おかしくもなりますわな（そういえば、パンク・バンドのセックス・ピストルズが「アナーキー・イン・ザ・ＵＫ」というシングルでデビューしたのもこの年でした）。つまり、この年の僕にとって『アイ・ウォント・ユー』は、なんだかんだと重要な作品であったということ。

　そして、もうひとつ印象的だったのが、黒人画家のアーニー・バーンズによる〝Sugar Shack〟という作品がアルバム・ジャケットに使われていたことでした。これについて糸井五郎さんは、「ジャケットもイカしてるので、壁に飾ってみるといいかもしれませんね！」などと発言していたのですが、当時の僕にはその〝イカしてる〟感じがまだ理解できず、むしろ怪しい絵だとしか思えなかったのです。

　だから、怪しげな、ちょっと恐ろしいイメージが最初に貼りついてしまったということ。糸井さんの怪しいトーク、『アイ・ウォント・ユー』の怪しいサウンド、そしてアルバム・ジャケットが、一斉に追いかけてきたような感じです。いま考えると、これほど作品の内容と連動した絵はないんですけどね。

なお余談ですが、あとになってから青森県の画家、阿部合成の「見送る人々」を見たとき、アーニー・バーンズの作風と似ているように感じたことがありました。阿部は１９７２年に亡くなっているのでまったくの偶然なのですが、彼が反戦画家として知られていたことを考えると、『ホワッツ・ゴーイン・オン』の精神性とどこかつながる部分があるようにも思えます。単なるこじつけですが。

それはともかく何度聴いても驚かされるのは、『ホワッツ・ゴーイン・オン』に勝るとも劣らない『アイ・ウォント・ユー』の完成度の高さです。もともとは、アーティスト／ソングライター／プロデューサーとして多大な功績を残したリオン・ウェアが、自作品として制作していたもの。それをマーヴィンが気に入ったため、譲り受けることになったという経緯がこのアルバムにはあるのです。そのため、サウンド面においてもリオン・ウェア色が非常に濃厚。「アイ・ウォント・ユー」に続く「エンジェル」

や「オール・マイ・ラヴ」「愛する者たちへ」など、もろに彼の世界観そのものです。夜のムード満点の「アフター・ザ・ダンス」や「アイ・ウォント・ユー［イントロジャム］」などのインストゥルメンタルも全体の流れにほどよいアクセントを加えているので、アルバムとしてのトータルな流れを楽しめるところも魅力のひとつ。

しかもハイレゾで聴きなおしてみると、サウンドのクオリティの高さを改めて実感させられることになります。『ホワッツ・ゴーイン・オン』にも感じたことなのですが、これは決して大げさな表現ではありません。「いい音って、こういう音のことをいうんだな」と、強く感じさせてくれるのです。

原体験としては妖艶さのほうが圧倒的に大きく、だから〝エロいソウルというイメージがいまでも強いんですけどね。

01

マーヴィン・ゲイ『アイ・ウォント・ユー』

Marvin Gaye『I Want You』

　オリジナル・アルバムとしては1973年の『レッツ・ゲット・イット・オン』（ちなみにこちらも性愛をテーマにした作品）に次ぐ76年作。タイトル曲は、シンガー／プロデューサーのリオン・ウェアが自身のためにつくったものだったが、これを気に入ったマーヴィンが、自分の作品にしたいと熱烈にオファー。その結果、リオンがアルバム全体のプロデュースを手がけ、マーヴィンの作品として完成することになった。黒人画家、アーニー・バーンズのジャケットも話題に。

もっと詳しく知りたい方は「e-onkyo music」名盤ページへ

https://www.e-onkyo.com/music/album/uml00602547778864/

02

エアロスミス『ロックス』

倉庫でレコーディングされた名盤が思い出させてくれるのは、クリスチャンの人たちとの思い出

Aerosmith『Rocks』

青梅街道から環状八号線を北へ進むと、西武新宿線沿線の井荻という駅にぶつかります。とくに特徴があるわけではない、あえて表現するなら、穏やかな雰囲気の静かな街。そんな井荻の、現在は「ポンテ井荻」という名前がついている商店街を西武新宿方面に50メートルほど進んだあたりの左側に、「コーヒーイオギ」というベタな名前のコーヒーショップがあったのは、１９７０年代中盤のこと。

コーヒーショップや喫茶店の全盛期であり、「珈琲専門店」と銘打つ個人店がたくさ

んあった時代です。それぞれのお店に個性があり、店主の好きなレコードをかけている店も多数。コーヒーイオギも、そのひとつでした。

あのころ僕は、「少年チャンピオン」という漫画雑誌で連載されていた「750（ナナハン）ライダー」という漫画に魅了されていました。ホンダのナナハンに乗る早川光という主人公が、行きつけの喫茶店のマスターと対等に、大人の会話をする姿に憧れていたのです。高校生のくせに年上の人とタメ口で会話をするなんて、現実の世界ではあり得ないことですけどね。

でも思春期真っ只中だったので「自分もそういうことをしたい」と強く感じ、父親の財布から小銭を盗んでは中学2年のころから喫茶店に通い始めたのです。

そして、練馬区関町の喫茶レストランなど何軒かを渡り歩いた末、たしか中学3年のときにコーヒーイオギにたどり着いたのでした。その店ではいろいろなレコードを聴けたし、大学生や社会人の常連さんたちもやさしかったので、すぐに馴染んで週に何度か通っていたように思います。

そのころ井荻には「マカロニほうれん荘」という漫画が大ヒットして絶頂期にあった漫画家の鴨川つばめさんが住んでいて、原稿の受け渡し場所もコーヒーイオギでしていたようです。

「奥の席に編集者と向かい合って座ってた」

「ベースボールキャップをかぶってたよ」

僕は見たことがありませんでしたが、常連さんたちからそんな話をよく聞かされ、「いいなぁ、僕も会ってみたいなぁ」と思っていたものです。


などという話とはまったく関係がないのですけれど、今回書こうとしているのは、僕の人格形成に少なからず影響を与えてくれたであろうコーヒーイオギでのこと。

常連さんだった、あるグループの人たちとの交流についてです。大学生くらいだった彼らはクリスチャンで、日曜日には近所の大きな教会に通っていました。そのため、なぜかそのうち僕も、日曜日になるとその教会に遊びに行くようになったのです。

とはいえ僕はクリスチャンではないので、ミサに参加したことはありませんでした。彼らが祈っている間はスケートボードに乗って時間をつぶしたりしていましたし、

〝それ以降の時間〟が重要だったのです。

ミサを終え、広い敷地で楽しそうに話をする彼らの輪のなかにちゃっかり入り、楽しい時間だけを共有していたということ。自分に都合のいいことだけをしていたわけで、なんとも失礼な話です。それでも彼らは文句もいわず受け入れてくれたので、感謝するしかなかったのですが。

あるとき、常連さんを含む教会の人たちが、鎌倉かどこかの修道院に行くという話をしていました。繰り返しますが、僕はクリスチャンではありません。なんの宗教も信じていません。にもかかわらず、話を聞いていたらワクワクしてきて、「僕も行く！」と手を上げてしまったのでした。なんのことはない、修学旅行かなにかのような気持ちでいたわけです。バカにもほどがあります。

かくして参加することになった僕は、あろうことかラジカセを持参したのでした。修道院に行くということは、クリスチャンの方々の目的は修行だったはずです。しかし、そういう大切なことを無視していたわけです。やはり、バカにもほどがあります。

修道院にはなかなか立派な聖堂が併設されており、それは僕の思惑を実現するには申し分ないように思われました。

　というのも僕はそのとき、あることを試してみたいと企んでいたのです。そのためにラジカセを持っていったのです。


「エアロスミスの『ロックス』っていうニュー・アルバムは倉庫でレコーディングされたから、教会で鳴ってるような音がするんだって。ヴォーカルのスティーヴン・タイラーがラジオで話してた。だから、それを教会で流したらおもしろいんじゃないかと思ったんだよねー」

　聖堂を見学しているとき、ラジカセ片手にそんなことを話しました。すると、話しただけなのに、まわりの人たちが大慌て。申し合わせたかのごとく、まるで阿波踊りのように激しく手を動かしながら「いや！　そんなことしちゃだめ！」「ここはそういう場所じゃないから！」などと声を潜めながらも激しく抗議してきたのでした。

　かくして「エアロスミスの『ロックス』を聖堂で流してみよう計画」は未遂に終わったわけですが、本当になんにも考えてなかったんだなーとわれながら呆れます。

　いまでも充分にバカなのですけれど、あのころはバカに磨きがかかっていたとしか思えないわけで。

僕の世代にとって、ロックの王道といえばクイーン、キッス、そしてエアロスミスでした。もちろんディープ・パープルやレッド・ツェッペリンも大きな意味を持っていましたが、少なくとも僕に関していえば、この３バンドには「同じ時代をともに歩いている」というような〝同時代性〟を感じていたように思います。

クイーンが独自の世界をつくり上げ、キッスが怪獣好きな男子の心を絶妙にくすぐる一方、王道のロックンロールで勝負をかけてきたエアロスミスにもまた異なる魅力を感じていたわけです。

１９７６年に発表された『ロックス』は、エアロスミスの４枚目のアルバム。オープニング「バック・イン・ザ・サドル」の破壊力がものすごく、いま聴いても血がたぎるような気がしてきます。また、「ラスト・チャイルド」に顕著なグルーヴ感にはファンクに通じるものもあり、それもまたエアロスミスならではの魅力。

そこには、一般的なロックンロール・バンドとは一線を画す彼らのポテンシャルが反映されていたようにも思います。

めちゃめちゃストレートな「地下室のドブねずみ」や、抜群の牽引力を持つ「シック・アズ・ア・ドッグ」などの代表曲も生まれ、結果的には全米チャートでも3位まで登ることとなり、名実ともに彼らの代表作となったのでした。

ちなみに先にも触れたとおりマサチューセッツ州ウォルサムの倉庫でレコーディングされているので、スタジオ録音とは一味違う臨場感を味わうことも可能。スティーヴン・タイラーの言葉どおり〝鳴り〟がとてもいいのです。

いま、改めてその音像に圧倒されながら、あの聖堂での出来事をいまさらながら思い出しています。やっぱり「バカだったたなぁ」としか思えないわけですが。

02

エアロスミス『ロックス』

Aerosmith『Rocks』

スティーヴン・タイラー、ジョー・ペリー、ブラッド・ウィットフォード、トム・ハミルトン、ジョーイ・クレイマーによるロックンロール・バンド、エアロスミスが1976年にリリースした４作目のアルバム。1970年代のエアロスミスにとって最大のヒット作でもあり、「ラスト・チャイルド」「ホーム・トゥナイト」「バック・イン・ザ・サドル」のシングル・ヒットを生んだ。倉庫でレコーディングされたため、ダイナミックな音響効果を生み出してもいる。

もっと詳しく知りたい方は「e-onkyo music」名盤ページへ

https://www.e-onkyo.com/music/album/sme074645736327/

03

フリートウッド・マック『噂』

Fleetwood Mac『Rumours』

コーヒーショップで出会ったクリスチャン・グループの彼はいまどこに？

中学生のころ、西武新宿線・井荻駅近くの「コーヒーイオギ」という店に入り浸っていた話は26ページにも書きました。常連のなかに近所の教会に通っているクリスチャンの大学生・社会人グループがいて、いつしか彼らにかわいがってもらうようになっていたのでした。

とくに印象的なのは、中学３年生だった１９７７年の情景です。フリートウッド・マックの『噂』というアルバムが大ヒットした年で、僕もその洗練されたサウンドが大好きでした。コーヒーイオギでも、『噂』はよくかかっていました。50代くらいの方ならおわかりかと思うのですが、当時よくあった個人経営の喫茶店にはたいていステレオやラジカセがあり、お店の人がレコードやカセットで音楽をかけていたのです。そしていまでも『噂』を聴くとそのクリスチャン・グループを思い出すのは、このアルバムと彼らが「爽やかさ」というイメージでつながっていたから。

彼らは決して、「君もクリスチャンになりなさい」というように信仰を無理強いしたりはしませんでした。というより、そもそも僕の前ではそんな話はしなかったように思います。つまりは勧誘しようとかいう思惑以前に、自分自身の生活のなかで密接にキリスト教と向き合っていたのかもしれません。だとしたら、それはそれで素敵なことですよね。

だからコーヒーイオギで彼らと同じ時間を過ごすときも、僕には必要以上に構える必要がありませんでした。コーヒーを飲みながらたばこを吸い（すみません）、流れる音楽についての思いなどを、同じ目線で話すことができたのです。

それだけで楽しかったし、僕のようなガキンチョも受け入れてくれていた彼らは嫌味がなく、一緒にいて心地よい存在でした。

ただし、そんななかにあっても、Dさんだけは雰囲気が違っていました。小柄で痩身ながら、無骨かつ男っぽいタイプ。そもそも笑っているところを見たことがなく、どこかに影があり、いつもなにかに怒っているような表情をしていました。しかも、怒りの対象である〝なにか〟がなんだったのか、そのあたりがわかりにくくもあったのです。でも、そうした重たさを感じさせたのは、彼がグループ唯一の浪人生だったからなのかもしれません。そのため中学生だった僕にとっても、Dさんはちょっと怖い存在でした。なんとなく近づきがたいというか。

ところが不思議なことに、僕は昔からそういうクセのある人に好かれてしまうのです。そんなわけで気がつけば、いつのころからかふたりで話をしたりするようにもなっていました。でも、鋭い目つきで生き方などについて語られると、なかなか迫力があるのです。したがって、体格とは不釣り合いにも思える低い声、そして醒めた口調で語られる話を、緊張しながら「はい」「はい」と反論せずに聞いていたのです。

なんのためだったのかは憶えていないのですが、なぜか一度だけ、家に呼ばれたことがありました。どうやら育ちは悪くないようで、Dさんの住む家は閑静な住宅地に建つ大きな一軒家でした。コーヒーイオギから、ちょっとだけ離れたあたり。

二階にあった部屋に通されると、まず目についたのはコンポーネント・ステレオでした。ステレオを持っていなかったせいか、どうしても僕はそういうところに目が行ってしまうのでした。そして自分が欲しくても手に入れられないものを持っているDさんを、ちょっとだけ羨ましく感じました。そしてそのステレオの前には、コーヒーイオギでもよく見た『噂』が置いてありました。

「あ、持ってるんですね、『噂』」

「持ってるよ。『ファンタスティック・マック（原題『Fleetwood Mac』）』もある。聴く？」

「いや、でもやっぱり『噂』がいいかな」

「ああそう」

Dさんがいつもの投げ捨てるような口調でいい、『噂』をかけてくれました。もちろん『ファンタスティック・マック』も好きだったのですけれど、あのころは『噂』が時代を象徴するアルバムだったわけです。そう断言できるくらいヒットしていたし、ひとつひとつの収録曲にも大きな魅力が備わっていました。

冒頭は快活な「セカンド・ハンド・ニュース」で、続く「ドリームス」は大ヒットしたシングル。安定感のある曲調を、とても大人っぽくて魅力的に感じていたものです。

「もう帰らない」はアコースティック・ギターの旋律が心地よかったし、同じくシングル・ヒットした「オウン・ウェイ」も大好きでした。

とにかく親しみやすく、何度聴いても飽きることのない秀作。でもDさんの部屋で聴くと、聴き慣れた音とはちょっと違うようにも思えました。マットレスが高音を吸収していたからなのかもしれませんが、より暖かい感じの音に聞こえたというか。

自分の部屋にいるDさんは、コーヒーイオギでみんなといるときとは違って物腰が柔らかく見えました……などということはまったくなく、あいかわらず寡黙で無愛想。必要なことだけをつまらなそうにボソボソと話す感じだったので、沈黙の時間に悩まされてハラハラしました。もし『噂』がかかっていなかったとしたら、かなり間が持たなかったのではないかと思います。

あるとき下の階から親の呼ぶ声が聞こえ、「んだよ……」と低い声で文句をいいながらＤさんが部屋を出ていきました。することがないのでぼーっと、Ｄさんのデスクを眺めていました。装飾物がなにもない正面の壁に、キリストの小さな彫像だけがぽつんとかかっているのを見たとき、「Ｄさんは、やっぱりクリスチャンなんだなぁ」と、当たり前のことを感じました。改めて実感するまでもないことですが、僕自身は十字架に架けられたキリストがいつも壁にいるような生活とは無縁だっただけに、なんだか新鮮だったのです。

近づいて見てみると、キリスト像は小さいのにずいぶん精巧にできていました。そのまま視線を落とすと、デスクに広げたままの英語のノートが目につきました。どうやら、僕が現れる直前まで勉強していたようです。デスクにはノートが広げたままの状態で置いてありました。

　決して興味本位で盗み見たわけではなく、たまたま目に入ってしまっただけなのですが、そのとき僕は見てはいけないものを見てしまいました。ノートの端に小さな文字で、語りかけるような口調で綴られた、好きな女性への思い。その女性のことは、僕もよく知っていました。コーヒーイオギに集まるクリスチャン・グループのひとりで、つまりDさんと一緒にいることが多かった人。清楚な感じの女性でしたが、Dさんとつきあっていたのかどうかは知りません。というより中学生だった僕は、Dさんがその女性を好きだったということすら気づきませんでした。

　いうまでもなく、「すごいものを見ちゃったんだぜー」というような低レベルなことを書きたいわけではありません。ただ僕にとって、それは大きな出来事だったのです。感情を出さず、いつも不満そうな顔をしていたDさんが、純粋な思いを彼女に抱いていたということに、なんだかぐっときたからです。

うまく表現できないのですけれど、怖くて、近くにいてもどこか遠い存在だったDさんとの距離が、そのことをきっかけとして急に近くなったような気がしました。単なる気のせいでしょうが、そう感じたのです。そして、Dさんのことをそれまで以上に好きになったのでした。

僕が帰ったあと、ノートを開きっぱなしにしていたことにDさんが気づいた可能性は充分にあります。気づかないほうが不自然だという状況だったのですから。でも当然ながら、以後そのことが話題に上ったことはありませんでしたし、それどころかDさんについての記憶もそこまでで途切れています。なにしろ、40年以上も前の話です。

いまごろ、Dさんはどうしているんだろう？　まだ、あの近所に住んでいるのかな？　そして、あの女性との関係はどうなったんだろう？　また会ってみたい気がするなぁ。

『噂』からのサード・シングルになった、「ドント・ストップ」という曲があります。とくにこの曲を聴くと、いまでも僕はあのクリスチャン・グループのことを思い出すのです。疾走感と爽やかさが、彼らのイメージとぴったりフィットするから。

ですから聴いていると、コーヒーイオギの窓際の席で楽しそうに話す彼らの姿が蘇ってきます。でも、そんな記憶のなかでもスタジアム・ジャンパーを着たDさんは、リーダー格だったSさんの隣でつまらなそうな表情をしているのです。

03

フリートウッド・マック
『噂』

Fleetwood Mac『Rumours』

1960年代後期にブルース・ロック・バンドとしてキャリアをスタートさせ、紆余曲折を経たのち、75年の『ファンタスティック・マック』以降はメロウな音楽性にシフトしていったフリートウッド・マックの出世作。大ヒットしたシングル「オウン・ウェイ」「ドリームス」「ドント・ストップ」「ユー・メイク・ラヴィング・ファン」など代表曲を生み出し、いまなお広範な層に支持されている。バンド内の人間関係はよくなかったようだが、作品の完成度は文句なし。

もっと詳しく知りたい方は「e-onkyo music」名盤ページへ

https://www.e-onkyo.com/music/album/wnr603497941032/

04

クイーン『シアー・ハート・アタック』

Queen『Sheer Heart Attack』

交流のなかった従兄弟と、NHKホールの喫茶店で意気投合した記憶

同い年の従兄弟であるSくんと僕には、初めて会ったときから不思議な距離感がありました。なにしろ父親同士が兄弟だという非常に近い関係なのに、小学5年生になるまで面識がなかったのですから。しかも初めて会ったかと思えば、Sくんは当時大ヒットしていた『ノストラダムスの大予言』という本について熱く語り始めたのです。そのため僕は、「1999年の7月で人類が滅亡する」というような話を滔々と語り続けるSくんに、ただただ圧倒されてしまったのでした。ものすごく頭がよさそうだと思う反面、「ちょっとつきあいづらいな」とも感じていたわけです。

しかし初対面から2年が経過した１９７５年の正月、そんなＳくんとの距離が、突如として縮まったのでした。

大人たちが酒を飲んで盛り上がっていたその日、中学1年になった僕たちはふたたび顔を合わせました。ただ、そのときの彼は以前ほど饒舌ではなく、ずっと黙っていたように思います。それは僕も同じでしたが、つまりはふたりとも、少しずつ大人になりかけていたのかもしれません。

「おまえら、Ｎ響聴きに行くか？」

Ｓくんの父親であるＮおじさんから突然の提案があったのは、そんなときのことでした。あとから聞いたところによると、Ｎおじさんはクラシックが好きで、Ｎ響（ＮＨＫ交響楽団）の会員だったらしいのです。ところが仕事が忙しく、いつも行けずにチケットを無駄にしていたのだとか。そのため、代わりに僕らを行かせようと思いついたようです。クラシックにも興味を持ちはじめ、いつか生のクラシック・コンサートを体験してみたいとも思っていた僕に、断る理由などありませんでした。

話はそれますが、初めて聴いたオーケストラがN響だったことは、そののちの自分にとって大きな意味があったと思っています。いまでも知識は全然ないのですけれど、あのとき〝本物〟を耳にしたからこそ、いいものと、そうでないものの差は〝感覚的に〟わかるようになったので。

ともあれSくんと僕はそれから少し経ったある夕方、渋谷のNHKホールで待ち合わせたのでした。たしか3月だったと思いますが、N響のサイト内の「演奏会記録」を確認してみると、この月には岩城宏之さんがベルリオーズの「ローマの謝肉祭」を指揮しています。記憶は曖昧ですけれど、おそらくその公演だったのではないかと思います。

しかし、そんなことより問題はSくんとの間の取り方です。なにしろ会ったのは（数ヶ月前の正月の宴会を含め）3回目。ほとんど面識はないに等しかったため、どんな態度で接すればいいのか、なにを話したらいいのか、なにもわからなかったのです。もちろんそれは、向こうも同じだったはず。非常に曖昧な再会だったわけですが、とりあえずは開演までの時間、ＮＨＫホール内の喫茶店に入ろうということになったのでした。

ただし話題などあるはずがないので、ふたりの中学一年生は、テーブルをはさんで向き合ったまま、お互いに下を向いていました。

「……〝キラー・クイーン〟かぁ……」

空気がどんどん重たくなっていくなか、沈黙を破ったのはＳくんでした。しかも話題はクラシックとはほど遠く、そのとき流行っていたクイーンのヒット曲のこと。

(なにか話さなくちゃ……そうだ、クイーンの話だ)

おそらくＳくんは、そんなふうに考えていたのでしょう。それが手に取るようにわかったので、なんとなく親近感を覚えました。しかもその話題は、結果的に大きな突破口になったのです。なぜってそのころ大ヒットしていたクイーンの「キラー・クイーン」は、僕も大好きな曲だったから。

「え、クイーン好きなの?」

以後はクイーン談義に花が咲き、とりあえずは沈黙状態を解消することができました。ですから、あのタイミングで「キラー・クイーン」の話題を出してくれたＳくんには感謝する以外にありませんでした。

「キラー・クイーン」という曲の不思議なムードが代弁しているとおり、クイーンの世界観はオリジナリティの塊でした。だから、まだそれほど多くの音楽を聴いてはいなかった子どもの耳にさえ、その表現は新鮮に響きました。きっと、それはＳくんも同じです。そう実感できたからこそ、数回しか会ったことがなく、少し離れたところに住んでいるＳくんと僕との精神的な距離が、それがきっかけで縮まったように思えたのでした。

「キラー・クイーン」を収録した『シアー・ハート・アタック』は、１９７４年の暮れにリリースされたクイーンのサード・アルバム。他にも「ナウ・アイム・ヒア（邦題「誘惑のロックンロール」）」「リリー・オブ・ザ・ヴァリー（「谷間のゆり」）」がシングル・ヒットしましたが、このアルバムから彼らの名声がワールドワイドに広がることになったのでした。

特徴的な音質を持つブライアン・メイのギターと、フレディ・マーキュリーの扇情的なヴォーカルが痛快な「ブライトン・ロック」で幕を開け、そこから「キラー・クイーン」へと続いていく流れがすでに完璧。ミステリアスな「テニメント・ファンスター」や「フリック・オブ・ザ・リスト」、フレディの高音が強烈な「神々の業」、ポップで爽やかな「ミスファイアー」、締めにふさわしくゆったりとして感動的な「神々の業」などなど、他の楽曲の説得力も抜群。無駄が楽曲がひとつとして存在しないので、全13曲を一気に聴き通すことができたのでした。

なおe-onkyo musicには、『シアー・ハート・アタック』のオリジナル・ファースト・ジェネレーションのマスター・ミックスを、最新のアナログとデジタル技術によって再構築したものが用意されています。そのせいか立体感が強烈で、目の前でメンバーが演奏しているかのようなリアリティがあります。

だからこそ、当時「キラー・クイーン」を筆頭とした楽曲群にインスパイアされたことがある人には、特に体験してみていただきたいと思います。きっと、ダイナミックなサウンドの向こうから、あのころの記憶が蘇ってくるはずだから。

さて、Ｓくんと僕のその後です。クイーンとＮ響の感動体験を共有できたとはいえ、残念ながらその後は再会する機会がなかなか訪れなかったのでした。疎遠になっていたのは、どうやら親同士の間でいろいろあったためのようです。詳しいことを知らない僕に書けることはありませんが、親戚とはいえ他人同士ですから、なんらかの衝突があったとしても不思議ではありません。いずれにしてもそのおかげで、僕らが会う機会は必然的に限られることになったわけです。

だから何十年もの間、「いまどうしているのかな」「また会いたいな」という思いは、ずっと心の奥底にわだかまったままでした。親の間になにがあったにせよ、僕らが従兄弟同士であることには変わりがないと思い続けてきたから。

思いもよらないことが起きたのは、２０１６年の暮れでした。ある日、フェイスブックの「友達かも」というお節介なサービスに、彼の名前と写真が表示されたのです。そこでメッセージを送ってみたら返事が返ってきたので、会おうという話になり、クリスマス前の変な時期に約40年ぶりの再会を果たすことになったのでした。

「親同士はいろいろあったようだけれど、それはSくんと僕には関係のないことだと考えるべきだと思っている。もちろん、うちの親に非があったとも考えられるから、だとしたらそれは僕からも改めて謝りたい。けれど、いずれにしてもこれを機会に僕らは僕らで従兄弟同士のつきあいを再会したいんだよね」

神田のバルで飲みながら、そんなことを伝えました。彼も同意してくれたので、やっと従兄弟同士らしい関係が成立したように感じました。そして、初めて入ったそのお店の人に、「40数年ぶりで会ったんですよ」と興奮しながら話し、写真を撮ってもらいました。いまでもよく思い出す、とてもいい夜の出来事。距離を縮めるまでにずいぶん時間がかかった僕らのつきあいは、これからスタートするのかもしれません。

……と、きれいに終われればいいのですが、実はそののちまた連絡がつかなくなってしまったので、ちょっと心配しています。会った日の会話からも、いろいろな事情が推測できました。しかし、従兄弟だからといって介入してはいけないこともあります。それは感覚としてわかるので、いまはただ、また連絡がつくことを祈るのみです。

Sくんが、これを読んでくれたらうれしいんだけどな。神田で飲んだあの日のことも、それから数ヶ月後に渋谷で話したときのことも、本当にいい思い出だから。

04

クイーン
『シアー・ハート・アタック』

Queen『Sheer Heart Attack』

まずは本国イギリスと日本で話題を呼んだクイーンが、1974年にリリースした３枚目のアルバム。日本でも大ヒットした「キラー・クイーン」が初めて全米チャートにランクインしたことからもわかるとおり、アメリカでの認知度はここから上がっていった。「ナウ・アイム・ヒア」「谷間のゆり」「ブライトン・ロック」など、クイーンにとっての重要曲も多数収録。ちなみに、ここに収録されなかったタイトル曲は、77年に発表された６作目『世界に捧ぐ』に収められることとなった。

もっと詳しく知りたい方は「e-onkyo music」名盤ページへ

https://www.e-onkyo.com/music/album/uml00602557028218/

05

オフコース『オフ・コース1／僕の贈りもの』

〝しらけ世代〟のお兄ちゃんが住んでいた下宿にて

育った家の敷地内には昔、二棟の家が建っていました。路地に面した手前が、祖母の住む古い平家。そしてその奥には、あとから建てられた二階建ての家屋。両親と弟、そして僕は奥の家の一階で暮らしていたのですが、二階部分は学生向けの下宿でした。

いまはもうほとんど見なくなった下宿といえば、一般的には〝部屋を貸してくれて、食事も提供してくれる施設〟のこと。思いっきりシンプルにいえば、〝食事つきのアパート〟ということになったのではないかと思います。昔のテレビドラマなどでは、学生さんが大家さんと一緒に食事をしている場面などが出てきましたしね（古い話だわ）。

ただ、我が家では食事を出しておらず、計4部屋にはそれぞれガスコンロがついていて、洗面所とトイレとは共同（風呂なし）という感じ。したがって厳密にいえば、下宿というより安い学生アパートだったのかもしれません。でも管理をしていた祖母はそこを下宿だと主張しており、また、自分がそこの管理者であるという自覚を強く抱いていたようです。なにしろ下宿の下足箱に、「おふくろ用」とマジックで書いた自分用のスリッパを入れていたしなぁ。謎の行動すぎますが、「下宿のおかみさん」みたいな役回りに憧れていたのでしょう。

いずれにしても僕にとって、住む家の上にある下宿の存在はとても大きなものでした。うちの玄関から外に出ると、すぐ隣に下宿の階段があり、それを駆け上がっていけば誰かしら「お兄ちゃん」がいたからです。彼らはいつも歓迎してくれ、例外なく遊んでくれるのでした。

代々、4部屋のうちのいくつかには熊本県のS本家の兄弟が順番に住んでいました。どういうわけか、長男が引っ越していったら次男が入り……というような感じで、何人かが入れ替わり立ち替わり暮らしていたのです。

この話の重要人物であり、僕に取っては〝音楽の先生〟でもあった「S本のお兄ちゃん」は、S本家が送り出した最後の学生でした。それまでのS本兄弟の従兄弟にあたる人で、雰囲気も、模範的な大学生であるそれまでのお兄ちゃんたちとは明らかに違っていました。

はっきりした年齢は覚えていませんが、祖母が「あいつは〝しらけ世代〟だからダメだ」とことあるごとにディスっていたことを考えると、おそらく団塊世代のちょっと下くらいだったのではないかと思います。

祖母はもとから極端に口の悪い人ではあったのですが、そうでなくとも大人たちがS本のお兄ちゃんにあまりいい印象を持っていないこともわかる気はしました。髪を肩まで伸ばしていた彼はギターや音楽に熱中していて、感情を表に出さず基本的には無表情。それ以前のS本兄弟にあった〝昔ながらの学生らしさ〟はなく、その時代における〝いまどきの若者〟だったからです。でも、当時小学5、6年生だった僕は、S本のお兄ちゃんが大好きでした。性格的にも祖母や両親がいうような人ではなかったし、それどころか、とてもつきあいやすかったから。

それにS本のお兄ちゃんの六畳間は、音楽やオーディオに興味を持ちはじめた当時の僕にとってはまさにパラダイスでもありました。深い赤の絨毯が敷かれた西向きの部屋の左奥にはベッドがあり、その横にはモジュラー・ステレオ（70年代に流行った、レコード・プレーヤーとレシーバー、スピーカーで構成されたステレオ・セット）。下のレコード・ラックには憧れのレコードがぎっしりと並んでいて、向かいには数本のアコースティック・ギターとバンジョーが数本。勉強机は右奥だったかな？　いずれにしても、まだ自分の部屋もステレオもなかった僕にとって、そこは夢のような空間だったのです。

いつ顔を出しても、S本のお兄ちゃんはいやな顔ひとつ見せませんでした。やることがなくて暇な日曜日の朝、まだ寝ているところに奇襲をかけても、モソモソと起きて出迎えてくれたほど。そんなわけで無神経な僕は、向こうの事情を顧みずにしょっちゅう入り浸っていたのでした。

寝起きなんて、絶対に迷惑だったと思うんですけどね。だからそのことについては反省するしかないのですけれど、しかし、あの環境は僕にとって必要でもあったのです。なぜって僕はあの部屋で、S本のお兄ちゃんから音楽について多くのことを学んだから。いま、音楽について書いたりできるのも、あのときの経験のおかげかもしれません。そういう意味では、その数年に得たものが、現在まで続く僕のベースだとすらいえそうです。

僕はフォーク世代よりもひとまわりくらい下なのですが、それでも小学生の時点でマイナー・フォークまで知っていたのは、いうまでもなくS本のお兄ちゃんのおかげ。とにかくお兄ちゃんの部屋に行けば、最先端の音楽に触れることができたからです。たとえばそのひとつが、オフ・コースのファースト・アルバム『僕の贈りもの』でした（ちなみにご存知の方も多いと思いますが、「オフコース」として知られる彼らは、5作目の『SONG IS LOVE』まで「オフ・コース」でした。どうでもいい話ですけど）。

アルバム・ジャケットの「ふたりのお兄さんが、草原で小さな白いピアノを弾いている」というシチュエーションは、よくよく考えてみれば非現実的以外のなにものでもありません。けれど、それは絶対的におしゃれな世界でもありました。そのため、思春期の手前にいた僕は、まず音よりも先にそのヴィジュアル面に魅了されてしまったのです。しかも納められていた楽曲は、「すばらしい」のひとこと。

冒頭のタイトル・トラックのメロディーとハーモニーを耳にした時点で、決して大げさではなく、大きな感動に包まれました。いままで聴いたことがないほど美しく、洗練されていたからです。

「なのです」「です」「します」「ました」が連発される軟弱な歌詞にも、すごく時代性が反映されているように感じました。そういったことば使いは、当時のフォークの代名詞、すなわちおしゃれの象徴でしたからね。

そして、それはS本のお兄ちゃんのイメージともぴったりマッチしているようにも思えたのでした。


タイトル曲のみならず、「水曜日の午後」や「でももう花はいらない」のメロディラインとフック、「地球は狭くない」のギター・サウンドの心地よさ、「歩こう」のポップ・センス、「ほんの少しの間だけ」のハーモニーの美しさ、中期以降の音楽性の原点ともいえる「さわやかな朝をむかえるために」など、どの楽曲も、ものすごい完成度の高さです。これがデビュー作だったとは、まさに驚くべきこと。


ちなみに彼らはこの数年後に音楽性を大きく広げ、アメリカン・ロック路線へと舵を切ることになります。「さよなら」「Yes-No」などの名曲を生んだその時期の功績も見逃せませんが、原点はやはりこのアルバム。

少なくとも僕にとっては、とてつもなく大きな意味のある作品なのです。

それに、小田和正さんと鈴木康博さんによる、ヴォーカルのバランスのよさは何度聴いても圧倒的です。その点には当時から感銘を受けていただけに、ふたりの声が聞こえてきた時点で、涙腺が潤んでしまいます（ちなみに我が家では数年前まで、「日本生命のCMで小田和正さんの歌が流れると父ちゃんが泣く」といわれていました）。

さて、〝音楽の師〟であるS本のお兄ちゃんについては、まだまだ書いておきたいことがあります。このあとにも登場しますので、どうかおつきあいください。

05

オフコース
『オフ・コース1 / 僕の贈りもの』

小田和正、鈴木康博、地主道夫らによって1967年に結成され、70年にシングル「群衆の中で」でデビュー。伸び悩みの時期を経て小田、鈴木のデュオ・グループとなった彼らが、73年にリリースしたファースト・アルバム。透明感に満ちたタイトル曲に明らかな、卓越したメロディとコーラスのバランスが絶妙。大ヒットを連発することになった70年代中期以降とは音楽性が異なるものの、いま聴いても充分に新鮮な秀作であることは間違いなし。

もっと詳しく知りたい方は「e-onkyo music」名盤ページへ

https://www.e-onkyo.com/music/album/uml00600406640505/

06

スティーヴィー・ワンダー『トーキング・ブック』

Stevie Wonder『Talking Book』

音楽体験の礎となった古いトランジスタ・ラジオ

「S本のお兄ちゃん」について、もうひとつのエピソードを書いておきたいと思います。それもまた、僕の音楽人生のなかで大きな意味を持っているだけに、書かずにはいられないのです。

小学校の高学年あたりになると、多くの子どもたちが音楽に関心を持ち始めるのではないでしょうか？　少なくとも1970年代中～後期あたりは、音楽の価値がとても大きかったように思います。

だから「いろいろな音楽を聴いてみたい」という好奇心が全開状態になったわけですが、あのころはそれが難しい時代でもありました。

なにしろレコードは高価でしたし、そもそもうちにはステレオがなかったのです。あったのはプラスチック製の安いレコードプレーヤーと、母が台所で使っていたポータブルラジオのみ。時代はラジカセの全盛期だったため、電気屋の店先には魅力的な製品がずらりと並んでいました。週に何度も足を運んではそれらをいじっていましたが、当然ながら買ってもらえるはずもありません。そのため音楽を聴く手段はないに等しく、常に音楽に飢えていたわけです。

しかしそんなとき、ある〝事件〟が起こりました。大げさですけど、僕にとっては事件と呼ぶにふさわしかったのです。そして、結果的にはそれが僕の好奇心を多少なりとも満たし、音楽熱をさらに高めてくれることになったのでした。

「これ、いる？」

いつものように、S本のお兄ちゃんの部屋に遊びに行った時のこと。お兄ちゃんが、見るからに古そうなボロボロのトランジスタ・ラジオを差し出したのです。試しに電源を入れてみたら「ガー」「ピー」と音がして、チューニングを合わせると、どこかのラジオ局につながりました。

「いる！　いる！」

瞬間的にそう答えていたのは当然で、以来そのラジオは、僕の日常に欠かせない宝物となりました。新品のラジカセのようにいい音はしないし、録音もできないけれど、とりあえず音楽を聴くことはできるようになったからです。だからその日以来、夜になるとベッドにもぐり込み、スピーカーに耳を密着させ、あるいは質の悪いイヤホンを片耳に差し、ラジオの世界に入り込みました。

それまで聞いたことがなかったような音楽を耳にしたのは、そんなことを繰り返していたある晩のこと。きっかけは、たまたまチューニングを合わせたある番組でした。

そこでは非常にクセのある喋り方をするアナウンサー（当時はDJなんてことばすら知りませんでした）が、聴いているだけで自然に体が動いてしまうような音楽を次々とかけていたのです。

マーヴィン・ゲイのところでも触れましたが、それが「ソウル・フリーク」という番組。大御所から通好みのグループまで、そこではさまざまな楽曲を聴けたのでした。またその一方では、他のヒット・チャート番組でも、スタイリスティックス、スリー・ディグリーズなどいろいろなアーティストの楽曲がかかっていました。あのころは、ソウル・ミュージックがとても流行っていたのです。

そんななか、特に大きなインパクトを投げかけてくれたのがスティーヴィー・ワンダーでした。6年生のとき、一歳年上の従兄弟と『ファースト・フィナーレ』というアルバムの話をして盛り上がった記憶が残っているのですが、それ以上に衝撃的だったのは、１９７２年の『トーキング・ブック』です。この作品のリリース当時、僕は10歳だったので、リアルタイムで耳にしたわけではありません。おそらく『ファースト・フィナーレ』からその前年の『インナーヴィジョンズ』、そして『トーキング・ブック』へとさかのぼっていったのではないかと思います。ともあれそのころから、スティーヴィー・ワンダーという人のすごさを真正面から感じることになったのです。

とくに衝撃的だったのは、このアルバムからシングル・カットされて大ヒットした「迷信（Superstition）」でした。もともとジェフ・ベックが在籍していたベック・ボガート＆アピスのために書かれたものの、スティーヴィー版が先にヒットしてしまったといういわくつきの楽曲。圧倒的な迫力で、この曲をきっかけとして僕は〝グルーヴ（groove）〟という概念を理解したのでした。（簡単にいえば、黒人音楽特有の「うねり」のようなものですね）。

メロウな質感が心地よいもうひとつの大ヒット・シングル「サンシャイン」や「アナザー・ピュア・ラヴ」、クラヴィネットのねちっこいグルーヴがポイントになった「メイビー・ユア・ベイビー」、バラードの「アイ・ビリーヴ」など、すべての楽曲が完璧のひとことと。このアルバムが長く名盤として語り継がれていることは、いま聴きなおしてみてもはっきりとわかります。
　感慨深かったのは、十数年前にこのアルバムのＣＤが再発されたとき、ライナーノーツを書かせていただけたこと。まさかそんなことになるだなんて、ボロいトランジスタラジオを耳に押し当てていたころには想像もつかなかったな。そして、だからこそ大きなきっかけをつくってくれたＳ本のお兄ちゃんには感謝の気持ちしかないのです。

　Ｓ本のお兄ちゃんがいつ引っ越して行ったのか、そのあたりは記憶が定かではありません。僕が中学生になったころには、もういなかったんじゃないかな？　でも、１９８０年代になってからニアミスしたことがありました。僕の不在時にふらっと現れたそうなのです。応対をした母によれば、故郷の熊本で起業したのだとか。よかったなぁと思ったのですけれど、そのとき置いていった名刺をもとに検索してみても、その会社名も、本人の名前すら見つからないのが気になるところ。

起業後に、なにかあったのかな？　その十年くらいあとにはバブルが崩壊したこともあり、いろいろ余計なことを考えてしまいます。けれど、できればもう一度会いたいと思い続けています。

06

スティーヴィー・ワンダー
『トーキング・ブック』

Stevie Wonder『Talking Book』

『インナーヴィジョンズ（1973）』『ファースト・フィナーレ（1974）』へと続いていく“スティーヴィー３部作”のトップを飾った、1972年リリースの大ヒット・アルバム。代表曲のひとつであり、全米トップ・ヒットともなった「サンシャイン」や、ファンキーなクラヴィネットに中毒性のある「迷信」など、彼のキャリアを語るうえでは無視できない楽曲満載。完成度の高さが評価され、第16回グラミー賞最優秀ポップ・ヴォーカル部門賞を受賞することにもなった。

もっと詳しく知りたい方は「e-onkyo music」名盤ページへ

https://www.e-onkyo.com/music/album/uml09721/

07

ザ・ビートルズ『ザ・ビートルズ（ホワイト・アルバム）』

The Beatles『The Beatles［White Album］』

ザ・ビートルズの名作に刻まれているのは、中学時代の親友との思い出

僕は昔から、集団で盛り上がるようなノリがどうにも苦手でした。もちろん、たくさんの仲間と過ごす時間を楽しいと感じる人はいて当然ですし、それを否定しようとは思いません。しかし、あくまで個人的には、リアルな交流であれＳＮＳ上のグループであれ、たくさんの人たちと群れることにあまり魅力を感じないのです。

いやはや、屈折していますなぁ。もちろん、それは自分でもわかります。とはいえ、それが自分なのですから仕方がありませんね。決して偏屈なタイプでもないとは思う

のですけれど、必要以上に群れるよりは、本当に大切な少数の人たちといることのほうに価値を感じてしまうのです。

思えば多感な中学生時代から、すでにそんな感じだったように思います。大勢で「ウェ～イ！」と盛り上がっているようなグループ単位のノリが苦手で、そうした関係性を薄っぺらく感じてもいたのです。本音で語り合えない複数の〝仲間〟と表面的なつきあいをするより、信じられる数人の〝友だち〟と、ていねいにつきあっていきたいと考えていたということ。

でも残念ながらそういう人間って、（とくに公立の）学校のような集団生活の場には、いちばん適さないタイプでもあります。なぜって、海外は知りませんけど日本の学校では、多少なりとも周囲と同化することが求められますからね。逆に周囲に合わせようという意思や配慮を持たなければ、必然的に浮いてしまうことになるわけです。だから、僕のようなタイプが浮いてしまうのは、仕方がないことでもあったのでしょう。

とはいえ、〝自分らしくいる〟ことはそれほど簡単ではありません。事実、ハブられていたわけではないし、仲のいい友だちもたくさんいたものの、一部のグループからは反発も食らうこともありましたから。

にもかかわらず僕が自分のスタンスを通せたのは、２年生のときに同じクラスだったKちゃんのおかげでした。

小太りでクルクルの天然パーマだったKちゃんは、中２の時点で身長が１８０センチ以上あり、足のサイズも28㎝（なぜかそのことははっきり憶えている）。大柄だから目立ちはするのですが、落ち着いていて穏やかな性格の持ち主でもありました。自分では「目立たないタイプ」だと思っていたのに、実は「いちばん目立っていた」らしい（のちに同窓会の席で聞いた）僕とは正反対。しかも、いつも僕と一緒にいたイメージがあるのですが、その一方で大多数のクラスメイトともうまくやっていたようなので、なかなかどうしてコミュニケーションに長けた男だったともいえそうです。

よく一緒に帰り、それぞれの家への分岐点である八幡神社近くの曲がり角で長々と立ち話をしていました。Kちゃんは人間関係が下手な僕の悩みを真剣に聞いてくれ、いろいろアドバイスしてもくれたからです。なにより、話を聞いてもらえること自体が、僕にとっての大きな救いになっていたように思います。

家にもよく遊びに行きました。Ｋちゃんはビートルズの熱烈なファンだったので、行けばたいていはビートルズのレコードをバックに、ビートルズ論を延々と聞かされることになったのでした。名作と名高い『ザ・ビートルズ』、通称『ホワイト・アルバム』を初めて聴いたのも、その体型にしては狭すぎるのではないかとこっそり感じていた、Ｋちゃんの小さな部屋でのこと。

１９６８年にリリースされた『ホワイト・アルバム』は、ビートルズにとって９枚目のアルバム。ＬＰだと２枚組計30曲という非常にボリューム感のある作品で、１９６２年のデビューから70年の解散までの間にスタイルを変え、劇的な変化を遂げていったビートルズの足跡を語るうえでは決して無視できない重要作でもあります。

僕がこれを初めて聴いたのは小学６年生のときで、「アイ・ウィル」「ジュリア」などがとくに好きでした。当然のことながら中学に上がってからもクラスメイトの間でこのアルバムのことが話題にのぼる機会は少なくなく、しばしばサウンド・コラージュ作品「レボリューション9」のことが引き合いに出されたりもしていました。

そしてKちゃんからも、その「レボリューション9」の特異性を筆頭に、エリック・クラプトンがゲスト参加した「ホワイル・マイ・ギター・ジェントリー・ウィープス」の裏話、「バック・イン・ザ・U.S.S.R.」のかっこよさなどを教えてもらった記憶があります。そんなところからもわかるように、Kちゃんは（おもにビートルズを中心とした）音楽の情報源であり、悩みを打ち明けることのできる友だちであり、親切に勉強を教えてくれる人物でもありました。

そう、優等生だったKちゃんに対して劣等生だった僕は、よく勉強を教えてもらっていたのです。うちに来てくれて、勉強が終わったら僕の持っていた安いラジカセで音楽を聴き、また音楽談義をする――それがいつものルーティンでした。

わからない数学の問題があったので、また教えてもらおうと思ってKちゃんに電話したのは、夏休み中盤のある日のことでした。いつものように「教えてほしい」と伝えると、「わかった。教えてあげる」といい、Kちゃんはすぐに来てくれました。そしてその日も勉強が終わったあとは、ラジカセで音楽を聴いたのだったと思います。いつもとなにも変わらない日常の光景でした。

ところが実際にはその時点で、大きなことが変わっていたのでした。僕はそのことを、２学期の始業式の日のホームルームのときに知りました。担任の先生がこう告げたのです。

「夏休み中に、Ｋくんのお父さんが亡くなりました」

驚いて目を向けると、Ｋちゃんは表情を変えることなく、黙って教壇のほうを見ていました。

話によれば、Ｋちゃんのお父さんが亡くなったのは、僕が「数学を教えてほしい」と電話するよりも前のことでした。つまり、あのときは父親を失ったばかりの時期だったということになります。でもあの日、彼はそんなことをひとことも口にしませんでした。

「本当に知らなかったの？　本当に、知らなかったの？」

休み時間にその話題を振ると、Kちゃんは珍しく強めの口調で聞いてきました。どうやら、僕が気を遣って電話したのではないかと思っていたようでした。でも全然知りませんでしたし、もし知っていたとしても、そんな気遣いをさりげなくできる器用さを僕は持ち合わせていません。だから、知らなかったとはいえ悪いことをしたという後悔しか残りませんでした。

会社を経営されていたお父さんをKちゃんが尊敬していたことは、以前から知っていました。それまでに何度も、お父さんの話を聞かされていたからです。ひとつ印象的だったのは、そののち「将来の夢」というような作文を書かされたときのこと。Kちゃんの原稿用紙に、「父親の会社を再建する」という内容の文章があったのです。

それを見せられたときには「俺と違ってしっかりしてるなぁ」と感じたので、卒業して離れ離れになり、数十年が経過してからも「Kちゃんは会社を再建したのかな？」と気になっていました。

その問いに対する答えを同窓会の幹事のHから聞いたのは、50代前半のころでした。

42歳のとき大きな同窓会を開催して以来、僕らは年の暮れに集まるようになっていたのですが、考えてみるとKちゃんが出てきたことは一度もありませんでした。

「そういえば、Kちゃんって連絡つかないの？」

あるときそう聞いた僕の耳に、幹事のHから予想をはるかに飛び越えた答えが返ってきました。

「亡くなった」
「え？」

Hのなかには、Kちゃんの死をあまり騒ぎ立てたくないという思いがあったようです。その気持ちも、わからないではありませんでした。

でも、それはともかく、Kちゃんが亡くなったという事実それ自体が、どうやっても理解できなかったのです。早くに父親を亡くしたKちゃんが、なぜ父親と同じくらいの年齢で亡くならなければならなかったのか、ということが。

もちろん、生きていればなにが起こるかわからないものです。大切な人を失い、「人間って、突然いなくなってしまったりするものなんだな」と感じたことは何度もありますし、「自分だって、いつ死ぬかわからないんだな」と思ったことも一度や二度ではありません。でも、ちょっと不公平な気がするのです。だから、なんだか腑に落ちなかった……いや、いまでも腑に落ちないのです。

そんなことがあったからなおさら、『ホワイト・アルバム』を聴くと、いまでもときどきKちゃんのことを思い出します。

07

ザ・ビートルズ
『ザ・ビートルズ（ホワイト・アルバム）』

The Beatles『The Beatles［White Album］』

1968年にリリースされた９作目。タイトルはシンプルに『The Beatles』だが、ジャケットが真っ白であることから『ホワイト・アルバム』と呼ばれている。リリース当時のLPは２枚組計30曲という構成、「バック・イン・ザ・U.S.S.R.」や「ヘルター・スケルター」のようにシンプルなロックンロールから、前衛的なサウンド・コラージュ作品「レボリューション９」まで多彩な内容になっていた。活動期間中に音楽性を変えていったビートルズにとって、非常に大きな意味のある作品。

もっと詳しく知りたい方は「e-onkyo music」名盤ページへ

https://www.e-onkyo.com/music/album/uml00602577096976/

08

ドゥービー・ブラザーズ『スタンピード』

ホスト・マザーのジョイスはいま……

The Doobie Brothers『Stampede』

高校1年生だった１９７８年の春、ラジオ局の文化放送で「ペパーミントストリート 青春大通り」という番組がスタートしました。平日夕方18時半からの生ワイド番組。いま思えば番組名はなかなか恥ずかしいのですけれど、そんなところを突っ込んではいけない。なにしろその番組のおかげで、僕はアメリカの土を踏むことができたのですから。

きっかけは、その年の夏ごろに発表された「チャレンジ・アメリカ」という、これまた恥ずかしい名前の短期留学企画。冬休みの2週間、3回の審査に合格した15人の高校生をロサンジェルスに無料でホームステイさせてくれるというものでした。で、「なるようになる」くらいの軽い気持ちで応募してみたところ、どういうわけか受かってしまったのです。

たしか第一次選考が、「短期留学についての意欲を綴った作文と、友人10人以上の推薦文の提出」、第二次選考が、「アメリカへの思いを1分以内で自己アピールしたカセットテープの提出、必要事項を記入した書類の提出」、そして最終選考が「面接」だったと記憶しています。

あとで聞いたら応募総数は５５００人だったそうなので、僕みたいな、三多摩の中途半端な不良高校に通っていた劣等生が合格したのは奇跡のような話。なにかの手違いだったのかもしれません。事実、同行した残りのメンバーはほとんどが優等生だったしなー。

しかも世間知らずのバカヤローでしたから、僕はなぜか〝そこに存在するだけで〟

目立ち、浮いてしまうのでした。だから番組代表として同行したシンガーソングライターのばんばひろふみさんからも、しょっちゅう「印南、俺はおまえがいちばん心配なんや……」などといわれていたものです。

ステイしていた家があったのは、カリフォルニア州南部、オレンジ・カウンティのファウンテン・バレーにある静かな住宅地。ホストファミリーは両親、そして高校生と小学生の男の子の4人でしたが、もうひとり、経済的な事情でコロンビア人の12歳の女の子も長期ステイしていました。クリスチャンの家庭で、ホスト・マザーのジョイスはおおらかな人だったので、人のためになることをするのは当たり前と考えていたようです。だから、「チャレンジ・アメリカ」にも協力してくれたのでしょう。

ところで僕は中学3年のときから、カリフォルニアのドゥービー・ブラザーズというバンドが大好きでした。アメリカ、特にウェスト・コーストのロックやカルチャーにかぶれていたので、カラッと爽快なサウンドに魅了されてしまったのです。

だからロサンジェルスへ行くということは、ドゥービーにちょっとだけ近づくということのようにも思えました。残念ながら、その時期にちょうど開催されていたコンサートは見に行けなかったのですけれど。

とはいえひとつだけ、ドゥービーに関するちょっといい思い出ができたのでした。

クリスマス前のある日、家族でスーパーマーケットへ買い物に出かけたときのことです。どうやらプレゼントを買うことが目的だったようで、家族はあれこれ話しながら買い物をしていました。でも人の家のクリスマスは自分に関係ないと思っていたので、レコード売り場で時間をつぶしていました。いじけていたわけではなく、本当に関係ない話だと思っていたのです。だいいちクリスマスのことなんかより、僕にとっては「スーパーでレコードが売られている」という事実のほうが１００倍くらい重要でした。そんなこと、当時の日本では考えられなかったからです。

「このレコードは、ステレオ（録音）なの？」

興奮しながらレコードをチェックしていたら、ジョイスが真剣な表情で尋ねてきました。なんのことかと思ったら、ドゥービーの１９７５年作『スタンピード』のＬＰをこちらに見せています。

「えー、そうなんじゃない？」

どうしてそんなことを聞いてくるのか不思議だったけれど、「モノラルではなくステレオであること」が気になる世代なんだろうなと、漠然と考えていました。

さて、そんな出来事を経ていよいよクリスマスの朝です。ツリーの下に積まれた、プレゼントの量がハンパねえ。大喜びする小学生のビリーを眺めながら「プレゼント、多すぎなんじゃね？」とか考えていたら、ジョイスが僕にもプレゼントをくれたのでした。

もらえるなんて思ってもいなかったけれど、考えてみれば短期とはいえお世話になっている立場なのですから、僕だけを仲間外れにするはずがありません。でも期待していなかっただけに、とても驚きました。

正方形のラッピングを開けてみると、あのときスーパーで見たドゥービーの『スタンピード』が。なるほど、そういうことだったのか。

僕がドゥービーのファンで、いつも話題に出していたことを覚えてくれていたのです。

「あ、ありがとう……」

なにが起きているのかわからない状態で告げた僕に、ジョイスがニコニコと微笑んでくれました。

そんな思い出があるから、いまでも『スタンピード』を聴くとあの日のことを思い出してしまうのです。

ドゥービーは、オリジナル・メンバーのトム・ジョンストンが主導していた初期5枚のアルバムと、それ以降の作品とではサウンドが大きく異なります。

前者は爽快なギター・ロックで、スティーリー・ダンからマイケル・マクドナルドとジェフ・バクスターが加入した１９７６年の『ドゥービー・ストリート（原題：Takin' It to the Streets）』以降はＡＯＲ路線へと大きく変化したのです（現在は復帰したトム・ジョンストンとギターのパット・シモンズを中心に活動）。

『スタンピード』はギター・ロック時代の最後の作品。

名曲「ロング・トレイン・ランニン」や「チャイナ・グローヴ」を生んだ3作目の『キャプテン・アンド・ミー』などと比較すれば地味かもしれませんが、完成度の高さは間違いなし。

冒頭「スウィート・マキシン」の疾走感から、広がりのある曲調が心に訴えかける「ハングマン」まで、ギター・バンドとしての彼らの魅力がバランスよく反映されていると思います。

さて、短期留学を終えての帰国後、僕はよく、ばんばひろふみさんが谷村新司さんと一緒に出演していた火曜日の「ペパーミントストリート 青春大通り」を見学に行っていました。

衝撃的な出来事があったのは、１９７９年初頭でした。

いつものようにスタジオを訪ねたところ、目の前にドゥービーのメンバー、ギターのパット・シモンズとジェフ・バクスター、ベースのタイラン・ポーターがいたのです。

ドゥービーは、僕がまさにアメリカに滞在していた１９７８年の12月に、いまでは名作として知られる『ミニット・バイ・ミニット』をリリースしたばかりでした。

つまり、プロモーション来日中だったその日は、番組にゲスト出演するためそこにいたのです。

「ファンです！　ファンです！　ファンなんです！」

すぐ近くにいたパット・シモンズとジェフ・バクスターに、思わず興奮しまくって伝えたところ、パットは明るい表情で、「おー、ありがとー！」とハグしてくれました。

一方、気難しいことで有名なジェフ・バクスターの顔には、「なんだコイツ？」と書いてありました。なんだかよくわからない日本人のガキ（しかも興奮中）に突然ハイテンションで声をかけられたのですから、無理もない話です。

しかも僕は、３人が番組に出演しているあいだ、なぜかマネージャーと雑談してたんですよねー。拙い英語を駆使しつつ、カリフォルニアの気候についてとか、どうでもいい話をした記憶があります。文字どおりの「怖いもの知らず」。

つまり、もしもあのときＬＡに行けなかったとしたら、もしもばんばさんにかわいがってもらえなかったとしたら、僕はドゥービーに会えるはずもなかったわけです。だから本当に、感謝するしかありません。

ところで数年前、フェイスブックでジョイスのことを見つけたので、メッセージを送りました。でもフェイスブックはあまり見ていないようで、既読もついていません。そのため「なんとかまた会いたいよなぁ。メッセージに気づいてくれないかなぁ」と思っていたのですが、考えてみればお世話になったのは40年近く前の話です。当時の彼女は40代でしたから、フェイスブックを見ていないというより、「もういない」ということも考えられなくはないわけです。

そう考えると、ちょっと複雑な気分。もう会えないのかな?

08

ドゥービー・ブラザーズ
『スタンピード』

The Doobie Brothers『Stampede』

　このアルバムから、スティーリー・ダンに在籍していたギタリストのジェフ・バクスターが移籍。“トリプル・リード・ギター＋ツイン・ドラム＋ベース”という超強力な編成となり、「スウィート・マキシン」「君の胸に抱かれたい」「ハングマン」と３曲のシングル・ヒットも生まれた1975年リリースの５作目。ライ・クーダー（g)、ビル・ペイン（key)、マリア・マルダー（vo）など豪華ゲストの参加も効果的で、全体的なバランス感覚が絶妙。

もっと詳しく知りたい方は「e-onkyo music」名盤ページへ

https://www.e-onkyo.com/music/album/wnr603497878116/

09

イーグルス『イーグルス・ファースト』

Eagles『Eagles』

16歳のときに思春期特有の悩みを共有していた、不思議な女友だちの思い出

16歳のときの、ロサンジェルスへの短期留学の話をもうひとつ。

先に触れたとおり、僕はいちばんの問題児だったわけですが、実はもうひとり、同じように浮いている子がいたのでした。2歳年上で、高校3年生だったユカという女の子。明るくベラベラとよくしゃべり（周囲が引いてもよくしゃべり）、どんな人でも無理やり自分の世界に引き込んでしまうような、とにかく強烈としか表現しようのない個性の持ち主でした。

「どこにいても浮く」といわれ続けてきた僕が見ても、「こいつは浮くだろうなぁ」と思わずにはいられないほど。つまりは仲よくなったのも、似た者同士だったからなのかもしれません。だから帰国後もちょくちょく会っては、喫茶店で飽きもせず何時間も話をしたりしていたのでした。あくまで友だちであり、恋愛感情はまったくなかったんですけどね。

とはいえ一度だけ、ほんの一瞬だけ、ユカとの将来を思い浮かべたこともありました。渡米の半年後に、うちが火事で全焼したときのことです（１００ページ参照）。ユカは高校卒業後に就職したのですが、火事になったことを伝えるため会社に電話したら、すぐに駆けつけてくれたのです。

到着するなり、ムードメイカーとしての才能を発揮して周囲に気を使ってくれたユカは、僕の母に「大丈夫ですよ、またお父さんが素敵な家を建ててくれますよ！」と声をかけてくれました。目に涙を浮かべてうなずく母の姿を見たとき、「将来、ユカと一緒になるのもいいのかな」などと感じたのです。まだ生活能力もない17歳の高校生だったくせに。きっと、火事のドタバタで疲れていたからでしょう。

話が前後してしまいましたが、これから書くのはその火事の半年前、アメリカ・ツアー最終日のことです。その日は午前中にホスト・ファミリーと別れ、以後はメンバー全員でアナハイムのディズニーランドへ行きました。まだ日本にディズニーがなかった時代のこと。夜はディズニーランド・ホテルに宿泊し、メンバーはみんなどこかへ遊びに行っていました。

ところがどういうわけか、ユカと僕だけは、同行者のばんばひろふみさんが泊まるツインルームにふたりきりでいたのです。主のばんばさんは飲みに出かけていましたし、あのときなぜ僕らがそこにいたのかは謎です。早い話、やはり最後の最後まで団体行動に馴染めなかったということなのかもしれません。でも、いずれにしても2台並んだベッドにそれぞれ寝転がりながら、いつまでも話をしていたのでした。

そのころはふたりとも、同じ悩みを抱えていました。「自分が嫌でたまらない」とか、「なんとか自分を変えたい」とか、そういうありがちなやつ。思春期の子どもなら誰でもぶち当たるであろう、珍しくもなんともない悩みです。でも当人たちは真剣に悩んでいたので、ああでもない、こうでもないと、〝嫌な自分〟から抜け出すためにはどうしたらいいのかといつまでも話し合っていたのでした。そんなこと、答えなんか出るはずがないのに。

「なんだお前ら、こんなところにいたのか」

ずいぶん時間が経ったころ、ばんばさんが部屋に戻ってきました。かなり飲んだみたいで、完全にできあがって千鳥足。しかし、そんなことよりも自分たちのことで精一杯だった僕たちは、それまで話していた悩みをばんばさんに伝えたのでした。ばんばさんは返事をせず、椅子をテラスに持ち出して座り、アナハイムの夜景を眺めていました。

「おまえらな」

酔っぱらって話なんか聞いていないんだろうと思っていたばんばさんは、かなりの時間が経ってから、こちらに背を向けたまま話し始めました。

「自分を変えたいとか、そんなの無理やし、うまくいかん。そうじゃなく、いまの自分をどう生かすかを考えるべきなんや」

「だいたいおまえらな、考えすぎや。Take It Easy や。Take It Easy でええんや」

いうまでもなく、〝Take It Easy〟はイーグルスのデビュー・シングルのタイトルです。その曲名を引き合いに出してなにかを伝えようとしていることは、なんとなく理解できました。とはいえ、まだまだ視野の狭いガキだったわけです。だから、「軽いこといってんなぁ……」くらいにしか思えませんでした。真剣な悩みを、さらっとかわされたような気がしたのです。いってみれば、浅かったのです。

でも、そのあと少しずつ成長し、人生経験を積み上げていく過程で、いつしか「Take It Easy」ということばが持つ本当の重みを理解できるようになっていったような気もしています。

リンダ・ロンシュタットのバック・バンドのメンバーだった４人が、イーグルスを結成してデビューしたのは１９７１年のこと。翌年にリリースしたファースト・アルバム『イーグルス・ファースト（『Eagles』）』からは、シンガー・ソングライターのジャクソン・ブラウンとの共作曲である「テイク・イット・イージー」がシングル・ヒット。次いで「魔女のささやき」「ピースフル・イージー・フィーリング」も成功を収め、一躍シーンの最前線に躍り出たのでした。

ちなみにイーグルスといえば、すぐに思い出すのは１９７６年に大ヒットを記録した5枚目のアルバム『ホテル・カリフォルニア』ではないかと思います。いまでも語り継がれる名作中の名作ですが、デビュー当時の彼らの音楽性は、もっとカントリー色が強いものでした。『イーグルス・ファースト』から『ならず者』、『オン・ザ・ボーダー』『呪われた夜』、そして『ホテル・カリフォルニア』と、１９７２年から1年ごとに発表された作品を順番に聴いていくと、彼らがどのように音楽性を変化させていったかがよくわかると思います。

帰国後もばんばさんは僕のことを気にかけてくださったため、家に遊びに伺うなど交流が続きました。もう東京を離れてずいぶん経ちますが、いまでも年賀状のやり取りは続いているし、いつかまたお会いすることになるのだろうなと思っています。

先に触れたとおりユカとの交流も続き、定期的に会ってはお茶を飲みながら話をしたり、なんてことのない関係を続けていました。相変わらず、お互いに恋愛感情はありませんでしたが。

やがて会わなくなったことにさしたる理由はなく、端的にいえばそれぞれの道を歩き始めただけのこと。僕は僕でそのあといくつかの恋愛をし、この人と一緒にいたいと思える相手と結婚することができました。

そういえば、当時から結婚に興味はないようなことをいっていたユカは、いまどうしているんだろう？　ふと、そんなことを思ってメールで連絡を取り合い、「ひさしぶりに会おうか」とやりとりをしたのは、たしか２０１０年ごろ。しかし結局は、そのまま会うこともなく時間が過ぎてしまったのでした。

それから8年ほどの歳月が過ぎたある日のこと。『イーグルス・ファースト』を聴いていたらディズニーランド・ホテルでのことを思い出したため（でも、メールアドレスもわからなくなってしまっていたので）、珍しい苗字を含めた彼女の本名を検索してみました。その結果、行き着いたのは全然知らない人のブログ。ダイビングをやっている方のようなので、ダイビングのインストラクターをしていたユカの知り合いであることは間違いなさそうでした。会ったこともないその人の文章のなかには、僕が知っているユカとまったく同じキャラクターの女性が描写されていました。写真も載っていましたが、それはどこから見てもユカでした。

問題は、その写真が遺影だったことです。ブログには、ユカの一周忌が行われたことが書かれていました。そのブログが書かれたのは２０１３年3月。つまり彼女は53歳で亡くなったことになります。そしてそれは、メールでやりとりをしてから3年後のこと。病気で急逝したとのことでしたが、そんなことになるなんて考えたこともありませんでした。だから、「あのとき、なんとしてでも会っておけばよかった」と思えてなりません。

人って、いなくなっちゃうんだなぁ……。

遅ればせながら、心よりご冥福をお祈りします。

09

イーグルス
『イーグルス・ファースト』

Eagles『Eagles』

リンダ・ロンシュタットのバック・バンド・メンバーだったグレン・フライ、バーニー・リードン、ランディ・マイズナー、ドン・ヘンリーによって結成されたイーグルスが、1971年に発表したデビュー・アルバム。シンガーソングライター、ジャクソン・ブラウンとの共作「Take It Easy」がヒットしたことで存在感を確立し、以後「Witchy Woman」「Peaceful Easy Feeling」もヒットした。カントリー色も適度な個性となった、原点と呼ぶにふさわしい作品。

もっと詳しく知りたい方は「e-onkyo music」名盤ページへ

https://www.e-onkyo.com/music/album/wnr23144/

10

デレク・アンド・ドミノス『いとしのレイラ』

火事のあとかたづけをしていたときに響いていたギター・ソロ

Derek & The Dominos『Layla And Other Assorted Love Songs』

高校2年だった1979年、修学旅行を翌日に控えた10月30日のことでした。よく晴れた日でした。その日は学校に行ったものの、妙に落ち着かなくて〝いやな感じ〟に悩まされていたのでした。別に体調が悪かったわけではないのです。でもなんだかモヤモヤして、静かに座ってもいられないような状態。

ずーっと我慢していたのですけれど、不快感が頂点に達していても立ってもいられなくなったので、3時間目が終わったところで早退することにしました。「印南、バックレかよー」というクラスメイトの声に、「うっせーよ！」と軽くおどけてみたりしながら。

地元の駅にたどり着いて信号を待っていたら、我が家の近くから真っ黒い煙が上がっていることに気づきました。そのときは、「あれ、どこかが火事なのかな？」「隣の家、だらしない家だからなー。とうとうやらかしやがったなー」などと、非常に失礼なことを考えたりしていたものです。

ところが隣の家は、まったく燃えていなかったのです。だとすれば、隣にある僕の家が燃えているということになります。咄嗟に「いや、そんなことありえないから」と感じもしましたけれど、隣が燃えていないのですから、我が家が燃えているとしか考えられません。まさかと思って駆け足で近づくと、家の前に人だかりができていました。

火元は二階だったようで、道路側にあった弟の部屋の窓から真っ黒な煙が吹き出ていました。頭のなかが絶望感でいっぱいになり、「すいません、通ります」と声を出して人の群れをかき分けて進みました。そのとき、こちらには見向きもせず、燃える家を口を半開きにして見上げる野次馬の群れを心の底から軽蔑しようと思いました。

二階の弟の部屋の隣には僕の部屋があり、その隣、いちばん奥にあった祖母の部屋が火元でした。驚くべきことに、煙草を吸って火を消し（たつもりで）、吸い殻を紙にくるんでくずかごに捨てて外出したというのです。そりゃ燃えますわ。カンベンして。

いずれにしても、学校でモヤモヤと落ち着かなかったのは、いわゆる「虫の知らせ」というやつだったのかもしれません。

ありがたかったのは、近所の人たちがみんなで荷物を持ち出してくれたことです。そしてそれらの荷物は、隣の大きな家の半地下にあった広い物置に運び込まれることになりました。その家の奥さんが、「どんどん使ってー」と好意的にその部屋を貸してくれたのです。「だらしない家だから」とか、一瞬でも思った自分を恥じたのはいうまでもありません。

ともあれ翌日から、すなわち同級生が修学旅行に出かけているとき、僕はひとりでその部屋にこもって荷物の整理を続けたのでした。あのとき家族がなにをしていたのかは記憶にないのですが、ひたすらひとりで作業していたときの光景ははっきり覚えています。

「音楽があればなー」

片づけをしながら、よく考えていました。ステレオもラジカセも、こつこつ集めていたレコードも燃えてしまい、音楽を聴く手段がなくなってしまったからです。年上の従兄弟であるT兄ちゃんが、ふらっと顔を出したのはそのころのこと。「音楽がないとキツいだろ」と、横浜の家からラジカセとたくさんのカセットテープを持ってきてくれたのです。

火事のあとはいろんな人に助けてもらい、いまでも本当に感謝しています。しかしそんななかでも、〝音楽がないキツさ〟を気にかけてくれたT兄ちゃんの視点は、さすがは従兄弟だなという感じ。かくしてそれ以降は、そのラジカセと10本近くのカセットテープが大きな役割を果たしてくれることになったのでした。

あのときT兄ちゃんが持ってきてくれたカセットのなかに、デレク・アンド・ザ・ドミノス（国内メーカー表記は、なぜか「ザ」が抜けたデレク・アンド・ドミノス）の『いとしのレイラ』がありました。伝説のバンドとして知られるクリーム解散後、短命に終わったブラインド・フェイスを経て、エリック・クラプトンがアメリカで結成したバンドのアルバム。アトランティック・レーベルで多くの偉業を成し遂げてきたトム・ダウドがプロデュースを手がけ、１９７０年にリリースされた本作は、エリック・クラプトンの代名詞としても有名です。

歴史的価値も大きな作品ですが、そんなこともあって僕にとっては火事のときの記憶につながる重要な一枚でもあります。これを聴くといまだに、隣の家の光がよく差し込む半地下の部屋で、黙々と荷物の整理をしていたときのことを思い出すのです。

メンバーはクラプトン、ボビー・ウィットロック（キーボード、ヴォーカル）、カール・レイドル（ベース）、ジム・ゴードン（ドラムス）ですが、全14曲中11曲に、オールマン・ブラザーズ・バンドのデュアン・オールマンがゲスト参加。そのリード・ギターとスライド・ギターは、このアルバムにピリッとしたアクセントを加えています。

オープニングの「アイ・ルックト・アウェイ」「ベル・ボトム・ブルース」とレイドバックした楽曲から始まり、「キープ・オン・グロウィング」でぐっと雰囲気が持ち上がり、超シブいブルース「だれも知らない」につながり……と、派手ではないながらもバラエティに富んでいて、つい聴きこまずにはいられない充実作。

オリジナル・アルバムは2枚組、計77分におよぶ大作ですが、まったく聴き飽きることはありません。なかでも際立っているのは、ＬＰだとＤ面にあたる「リトル・ウィング」以降。代表曲「いとしのレイラ」につながるその流れは、何度聴いてもスリリングで、そして感動的です。

私ごとですが、今月中旬に亡き父の十三回忌があります。その際、ラジカセとカセットを持ってきてくれた従兄弟に、改めてお礼を言おうと思っています。考えてみると、きちんとそのことを伝えたことがなかったような気がするので。

だから僕にとって、その法事はとても重要なものになるのです。

【追記】

このあと法事があり、僕はT兄ちゃんに改めてそのときのお礼を伝えました。あのときラジカセを持ってきてくれたことで、いかに助けられたかと。「モノラルだったけどねー」、T兄ちゃんは涼しい顔でそういいましたが、モノラルだろうがステレオだろうが、音楽は音楽です。そう感じているからこそ、いまハイレゾでこのアルバムを聴けることにも感謝しなくてはいけないと思っているのです。

10 デレク・アンド・ドミノス『いとしのレイラ』

Derek & The Dominos『Layla And Other Assorted Love Songs』

クリーム解散後、ブラインド・フェイスでの活動を短期間のうちに終えたエリック・クラプトンは、ブラインド・フェイスのツアーに参加した経験を持つグループ、デラニー＆ボニーと活動を共にする。そして、その活動を通じてアメリカのブルースやサザン・ロックから影響を受け、デレク・アンド・ザ・ドミノスを結成。その唯一のアルバムが本作だ。なによりタイトル曲が有名だが、全体を通して完成度は高く、クラプトンの最高傑作と評価する声も多い。

もっと詳しく知りたい方は「e-onkyo music」名盤ページへ

https://www.e-onkyo.com/music/album/uml42894/

11

エリック・カルメン『チェンジ・オブ・ハート』

Eric Carmen
『Change Of Heart』

トラブル続きだった日々を思い出させるポップなメロディ

僕は一度死んでいます。

過去の著作にも書いたことがありますが、小学4年生になったばかりの時期に自転車で大怪我をし、脳挫傷のため生死をさまよったのです。20日間も意識不明の状態だったらしいので、自分でも驚くばかり。とはいえ奇跡だと医者に驚かれながらも助かったのですから、無駄に生命力だけはあったということなのでしょう。「99％命の保証はできません」といわれていたといいますし、たしかにそれは〝ありえない〟話だったのかもしれません。

いずれにしても、僕が生まれる前には兄も亡くなっているという話ですから、両親にしてみればたまったものではなかっただろうと思います。

入院生活は2ヶ月ほど続きました。そののち夏休みを挟んで二学期から学校に戻ったのですが、実際のところ、きつかったのはそれからでした。なぜって多くの人たちから、偏見の目を向けられることになったから。頭を派手に打ったので仕方がないのですけれど、必然的に「あいつは終わった」というような偏ったパブリック・イメージを持たれることになったのです。

たとえば歩き方にも癖がついてしまったため、歩いているだけで「あの怪我があったからね……」などという声が背後から聞こえてきたりとか（実話です）。それは一例ですが、なにをするにしてもヒソヒソと囁かれることになってしまったということ。

「もし怪我をしたのが自分ではなく、同じクラスの別の誰かだったとしたら、自分だってその子のことを特別な目で見ていただろう」と感じていましたから、仕方がないことだとは思っていました。ただ、そうはいっても、同世代も大人も含めたいろいろな人たちからそういう目で見られるのは、10歳の子どもにとって楽なことではなかったのは事実。
人間の嫌な一面を見た反面、変わらず接してくれる人たちもいたので、人間の本質を見ることができて勉強にはなりましたけどね。

だからなにをやっても怪我の事実がついてまわり、しばらくの間は生きることがなかなか厄介でもありました。自我を守り通すことで精一杯だったといいますか。しかし、それでも高校生になるころにはなんとなく状況も落ち着いてきて、かなり生きやすくはなったのです。受験が終わった中学3年の3学期からアルバイトを始めていたので、使えるお金も増えていったし、81ページで触れたようにアメリカにも行くことができたし。

ところが安心したのも束の間、これも前述しましたが、今度は家が燃えたのでした。
不幸中の幸いだったのは、編集者だった父の所有する本が、階段を含め至るところに積み上げられていたこと。そのため〝二階全焼〟という結果に落ち着き、一階は難を逃れたのです。とはいえ、祖母の部屋の隣にあった僕の部屋は全焼です。半年前にアメリカで買ってきたフェンダーのヴィンテージ・ギターも、あっという間に燃えてしまったのでした。焼け跡から真っ黒な灰になったギターを見つけたときは、「ジミ・ヘンドリクスじゃないんだから勘弁してほしいわ」と絶望的な気分になったものです。

ってな感じで、ミュージカル『ANNIE』のフレーズをサンプリングしたジェイ・Zの楽曲タイトルみたいな〝Hard-Knock Life（きついことばっかりの人生）〟だったわけです。だから、あのころから十数年は「人生とは、数年ごとに不幸なことが起こるものだ」と本気で信じていました。

二階建てだった家は、一階部分を残した平屋建てに改築されました。焼け残ったとはいえ消火の際に水をかぶりまくっていたのですが、あの状況ではそれしか方法がなかったのだろうと思います。そんなわけで部屋を失った僕と弟は、かつての応接間を無理やり改造した部屋に押し込まれることになりました。ただ、弟は寝るとき以外、ほとんどその部屋にはいなかったような気がします。少し前までは自分だけの居場所があったのに、いきなり湿気だらけの部屋で兄と暮らすことになったのですから、居心地が悪かったのかもしれません。

思い起こせば、僕もあのころはかなりやつれていた気がします。当時は自覚がなかったのですけれど、怪我のストレスがおさまってきたかというタイミングで住む家を失ったのですから、まぁ仕方がなかったんだろうなぁと、いまでは他人事のように思います。

もちろん日常生活は普通に送っていましたし、友だちといるときなどはバカ話をして笑ったりもしていましたけれど、心の奥底には「人生は、うまくいかないものだ」という〝確信〟が根を張っていたということ。それをいかに覆い隠し、少しでも心穏やかに生きるかということに、ずいぶん意識を費やしていた気がするのです。

エリック・カルメンは、ラズベリーズというポップ・ロック・バンドでの活動を経て、ソロ・アーティストへ転向した人物。1975年のソロ・デビュー・アルバム『オール・バイ・マイセルフ』からは、ラフマニノフの「ピアノ協奏曲第2番」をモチーフにしたタイトル曲が大ヒットしました。ちなみにセカンド・シングルの「恋にノータッチ（めちゃくちゃ恥ずかしい邦題ですが、原題は〝Never Gonna Fall in Love Again〟）」もラフマニノフの「交響曲第2番」を下敷きにしているので、よほどラフマニノフが好きだったようです。ともあれ当時中学3年生だった僕も、ラジオで聞いたこれらの曲がきっかけで、この人のファンになったのでした。

その印象が強かったからこそ、火事の直後、燃えてしまった彼の１９７８年作『チェンジ・オブ・ハート』を買いなおしたのだろうと思います。いまとなっては当時の心境は推測する以外にありませんが、おそらくその聴きやすいサウンドに癒しを求めていたのではないかと思えてならないのです。湿気の高い部屋でひとり、このアルバムやスティーブン・ビショップの『ケアレス』をよく聴いていた記憶が残っているので。

「デスペレイト・フールズ・オーヴァーチュア」という名のストリングスによるインストゥルメンタル・ナンバーで幕を開け、「デスペレイト・フールズ」という名のバラードで幕を閉じる全9曲構成。30分程度のアルバムですが、快活な「二人のラヴ・ウェイ（と、やっぱり邦題は恥ずかしいのですが、原題は〝Haven't We Come a Long Way〟）」、壮大な展開が感動的なミディアム「エンド・オブ・ザ・ワールド」、バラードの「ヘヴン・キャント・ウェイト」などなど、ヴァラエティ豊かな楽曲が続くので飽きさせません。

ジャンル的には純然たる〝ポップス〟ですし、そもそもマニア受けするアーティストでもないとは思います。とはいえクオリティは高く、1964年にフォー・トップスがヒットさせた「愛をもとめて」のカヴァー、そしてめちゃめちゃキャッチーなアルバム・タイトル曲が大ヒットしてもいます。アイドル・シンガー、ショーン・キャシディのためにカルメンが書いた「ヘイ・ディニー」のセルフ・カヴァーも入っているし、純粋に楽しみがいのある作品なのです。

おそらく、「エリック・カルメン作品のなかから一枚だけ選べ」といわれたとしたら、多くのかたが代表作である『オール・バイ・マイセルフ』を選ぶことになるのでしょう。ただ、そうはいってもこの作品の完成度の高さも見逃せず、ましてや実体験とも結びついているだけに、どうしてもこれを無視することはできないのです。

十数年前、かつて家が燃えたその土地に家を建てました。住宅ローンが大変ですが、なんとかがんばっています。でも『チェンジ・オブ・ハート』を聴くと、「この同じ場所で、かつての自分は折れそうになる心を懸命に守っていたんだな」と、ちょっと物悲しい気分にもなるのです。

11

エリック・カルメン
『チェンジ・オブ・ハート』

Eric Carmen『Change Of Heart』

ラズベリーズでの活動を経てソロになったエリック・カルメンが、1978年にリリースした３枚目のアルバム。タイトル曲と、フォー・トップスのカヴァー「愛をもとめて」がシングル・カットされ大ヒットした。アップ・ナンバーからバラードまでがバランスよく配列された、きわめてオーソドックスな仕上がり。マニア受けするような作品ではないが、ポップスとしての完成度はきわめて高い。そういう意味で、聴く人を選ばない、間口の広い良作だといえる。

もっと詳しく知りたい方は「e-onkyo music」名盤ページへ

https://www.e-onkyo.com/music/album/sme888880380890/

12

ドクター・ジョン『ガンボ』

謎の留年大学生が教えてくれた、セカンド・ラインの心地よさ

Dr. John
『Dr. John's Gumbo』

「くぉらぁーッ、印の字！　なにしてけつかるーっ！」

高校時代に行きつけていた、なんの変哲もない喫茶店。そのカウンターに僕の姿を見つけると、シンジさんは必要以上の大声を出しながら近づいてきて、背後から首を絞める真似をするのでした。

そのたびに思っていたのですけれど、あまり聞いたことがなかった「けつかる」ということばには、なんだか妙な違和感がありました。そもそもそれ、どういう意味な

んだ？　いや、それ以前に、印南だから「印の字」って安直すぎません？　というように、シンジさんにはツッコミどころがたくさんあったのでした。

けれど、その〝意味のなさ〟こそが彼の〝ノリ〟なのだということも、なんとなく感覚的に理解してはいました。そして、そこに少なからず親しみを感じてもいたのです。

中途半端に伸びたざんばら髪に、これまた中途半端な無精髭。度が強そうな眼鏡は、よくいわれるような牛乳瓶の底状態です。はっきりいえば、非常にむさくるしい。そしておっさんくさくもあったので、最初は「社会人なのかな、でも、なにをやっている人なんだろう？」と思ったりしていました。ところが常連さんたちの話によれば、「大学6年生」とのこと。しかも浪人をしている可能性も否定できないため、実際の年齢は謎に包まれてもいたのでした。

1970年代後半あたりまでは、そういうちょっとむさ苦しい、けれど、どこか憎めない人がいろんなところに棲息していたような気がします。人情味が、商店街や路地裏など、町のいろいろなところに残っていたという表現もできるかもしれません。

「おい、印の字！　こんど俺の部屋に遊びに来い！」

そう〝命令〟されたのは、いつものようにその喫茶店のカウンターにいたときのことでした。ほかに常連さんはいなかったので、そういうタイミングを狙っていたのかもしれません。いや、それは考えすぎかな？　そんなこと考えない人であるような気もするし、意外と人の目を気にする人だったような気もするし。どっちでもいいのですが、推定でも8歳ぐらいは年が離れていそうな人からそういわれたのであっては、拒否するわけにもいきません。それに、シンジさんがどんな部屋に住んでいるのかについては、ちょっとばかり興味もありました。むさくるしい人の部屋は、やっぱりむさくるしいのだろうかと。

アパートがあったのは、その喫茶店から2分もかからない住宅地。「こんなところにアパートなんかあったっけ？」と感じてしまうほど、目立たない地味な二階建てでした。一階のまんなかへんにあったシンジさんの部屋は、たぶん六畳一間くらい。生活の中心が部屋の中央に位置していたコタツだったことは明らかで、シンジさんの席にだけ、使い込んだ座椅子がありました。

そして、そのすぐ横に、当時の学生の部屋ではよく見かけたモジュラー・ステレオ。前の年に家が火事になったためすべてを失った僕にとって、ちょっとだけうらやましい環境でした。


「印の字、これを聴け！」

ちゃんちゃんこを着たシンジさんは、レコード・ラックから一枚のレコードを抜き出しました。牧場とか空が描かれた壁画の前で、おじさんが杖をついているアルバム・ジャケット。レコードに針が落とされると、聴いたこともなかった不思議なリズムが聞こえてきました。


「これはドクター・ジョンだ。白人の人」

「〝白人の人〟って表現はおかしいよなぁ」とは思ったのですけれど、そんなこと突っ込めるはずもありません。ただ、そういいたくなる気持ちはなんとなくわかる気もしました。素人の耳で聴いても、白人の人がつくりそうな音楽ではなかったからです。差し出されたレコード・ジャケットの帯には、「ガンボ／ドクター・ジョン」と書いてありました。オープニングの「アイコ・アイコ」という曲が持つ独特のリズムが、「セカンド・ライン」と呼ばれるものであることを知ったのは、もっとあとになってからのこと。しかしその時点でも、セカンド・ラインのグルーヴ感が独特なものであることは感覚的にわかりました。そのあと聞こえてきた「ブロウ・ウィンドウ・ブロウ」も「ビッグ・チーフ」も非常に新鮮で、初めて知ったドクター・ジョンのことが一発で好きになってしまったのでした。

「な、最高だろ？　こういうことなんだよ」

どういうことなんだかわかりませんでしたが、そういうことのようでした。でも、あのときシンジさんの部屋に行かなかったとしたら、ドクター・ジョンを知ることになるのはもっとあとのことだったかもしれません。

そういう意味では、シンジさんに感謝しなくちゃなと感じました。

「印の字、おまえにいっておきたいことがある」

突然、シンジさんがいい出しました。「はい」としか答えられませんでした。ほんの少し前とは違って、なんだか神妙な顔をしているようにも見えたからです。そもそもむさくるしい顔なので、考えすぎだったのかもしれませんが。その証拠に、こっちが緊張しているなかでプッとおならをしやがったし。

「俺は、田舎に帰ることにした」
「え……」
「うん」
「はぁ……」
「うん」
「……」
「……」

よくわからないやりとりが続いたあと、シンジさんはまた口を開きました。
「親から帰ってこいっていわれてんだわ。ずっと拒否してたんだけど、大学卒業できそうにないしな」

「はぁ……田舎ってどこなんですか?」

「山梨、甲府、盆地」

あえて「盆地」と必要のない情報を加えてきたところに、本当は帰りたくないシンジさんの無念が表れているような気がしました。考えすぎかな?

「♪Let the Good Times Roll〜」シンジさんが、流れてきた曲に合わせて小さく歌いました。「まぁ、そういうことだ。なんというか、おまえは高校生のくせしてヘンなやつだから、なんか伝えておきたいと思った」

過度な悲壮感はなく、でも、明るいわけでもなく、表現のしようがない顔をしてシンジさんはそういいました。そして「レット・ザ・グッド・タイムズ・ロール」を最後に『ガンボ』のA面が終わろうとしていると、レコード・ラックから、今度はお化けみたいにも見える人の写真が大写しになったレコードを抜き出しました。どうやら、『ガンボ』のB面はかけずに、そちらへ進もうとしているようでした。

「よし、次はこれを聴こう。『グリ・グリ』だ。ドクター・ジョンのファースト・アルバム。『ガンボ』より4年も前に出た」

一曲目の「グリ・グリ・ガンボ・ヤ・ヤ」は、さっきまで聴いていた『ガンボ』よりもドロドロとした印象がありました。どちらにも「ガンボ」ということばが含まれていることに気づいたのでそのことを指摘すると、「ガンボはルイジアナ州の有名なシチューのことだ」とシンジさんが教えてくれました。

「へー、食べたことありますか?」

「ある」

「おいしいんですか?」

「まずい」

「はあ……」

「いや、うまいという人も多いんだけど、俺はだめだった。なんか、だめだった」

「ふーん」

「ほうとう食いたいな」

どうやらシンジさんはガンボの話題から、故郷の郷土料理であるほうとうのことを思い出したようでした。僕はその時点でほうとうを食べたことがなかったので、未知の食べものを一度に二種類も教えられたような格好になりました。

その後、シンジさんがいつ故郷に戻ったのかについては記憶が定かではありません。でも、とくに理由があったわけではないと思うのですけれど、それっきり会わなかったようにも思います。なお現在の僕はほうとうが大好きなのですが、一度だけ食べたガンボについてはシンジさんと同じ感想を抱くことになりました。いつか、またチャレンジしてみたいとは思っているのですけどね。

ニューオリンズ音楽の重鎮であるドクター・ジョンは、２０１９年6月6日に心臓発作で亡くなりました。享年77だというので、若すぎる気がします。そして訃報を聞いたときに僕は、「シンジさんはショックを受けているだろうか？」と感じもしたのでした。

12

ドクター・ジョン『ガンボ』

Dr. John『Dr. John's Gumbo』

ニューオリンズを中心として活動し、大きな功績を残したドクター・ジョンが1972年にリリースした５枚目のアルバム。プロフェッサー・ロングヘア、ロイ・バード、ヒューイ・スミスなど、ニューオリンズを拠点とするアーティストの楽曲などを独自の解釈で再現している。シングル・カットされたジェイムス“シュガーボーイ”クロフォードのカヴァー“アイコ・アイコ”は、彼の代表曲としても知られている。

もっと詳しく知りたい方は「e-onkyo music」名盤ページへ

https://www.e-onkyo.com/music/album/wnr603497897995/

13

ジェイムス・テイラー『マッド・スライド・スリム』

James Taylor
『Mud Slide Slim and the Blue Horizon』

ジェイムス・テイラーを聴くと思い出すのは、喫茶店で知り合ったジェイムスのこと

82ページでも触れた東京都下・三多摩地区の底辺校に通っていたころ、学校帰りに同級生4人と喫茶店に立ち寄っては時間を潰していました。コーヒーを頼み、リクエストができそうな店であればレコードのリクエストをして、たばこを吸いながら（コラ！）無駄話をして過ごしたわけです。

僕たちは不良ではありませんでしたが、それでも学生服姿で堂々とたばこを吸って

いたのですから、さすがは底辺校の人間です。お店で注意されることもなかったし、良い悪いは別として、そういうことに寛容な時代でもあったのでしょう。いや、近辺ではバカで有名な高校だったから、「あの学校の子だから仕方がない」と思われていた可能性もあるな。

さて、あれは1978年、高校1年生のときのことだったと思います。ある日、通り慣れた道沿いに、新しい喫茶店がオープンしていることに気づきました。で、なんとなく入ってみようということになり、結果的にはちょくちょく寄るようになっていったのでした。

白を基調とした店内は細長く、右側に奥まで続くカウンターがありました。その手前の窓際に一卓だけあったボックス席は、1970年代中期以降によくあった、インベーダーゲームができる「ゲームテーブル」。なんてところからも推測できるように、とくにイケてるわけでもない普通のおばさんが経営している、イケてるわけでもない普通の喫茶店です（とっても失礼な表現だなー）。でも、そういう店だったから気を使う必要もなくて気が楽だったのかもしれません。

やがて僕らはその店で、20代くらいの白人青年と出会うことになりました。洗練された感じの人だったので、なぜそんな〝日本版ローカル〟な店にしょっちゅう顔を出しているのかが不思議でした。もっとも、学ラン姿でたばこをふかしていた僕たちに、人のことをとやかくいう資格は微塵もなかったわけですが。

名前を聞いたら、「ジェイムス」と返事がありました。彼が社交的な性格だったこともあってすぐ顔見知りになったのですが、4人のメンバー中、いちばん打ち解けたのは僕でした。簡単な話で、僕だけ英語が話せたからです。自慢したいわけではなく、中学生のころからアメリカにかぶれていて、ＦＥＮ（現ＡＦＮ）を日常的に聴いていたら、なんとなく話せるようになってしまっただけのこと。

しかも、ガキだったあのころは「恥」という概念を持ち合わせていなかったのです。だから、たとえば街で外人を見かけたりすると右手をスッと上げ、「ハァ～イ！」などと笑顔で声をかけたりしていたのでした。恥ずかしいったらありゃしません。いま自分の近くにそんな高校生がいたら絶対に敬遠しますが、ともあれジェイムスにも、そうやって話しかけたわけです。

なお参考までに書き添えておくと、あのとき得意だったはずの英語は、大人になったら見事に話せなくなりました。きっと、成長とともに「恥」を知るようになったからなのだろうと思いますが。

ジェイムスはアメリカからの留学生でした。その店の近所には某名門大学のキャンパスがあったので、もしかしたらそこに通っていたのかもしれません。いずれにせよその喫茶店でジェイムスと合流すると、一緒にたばこを吸って話をしたり、インベーダーゲームで盛り上がったりしていたのでした。コントローラーを動かす僕の横で、拳を振り上げながら「ムーヴ！　ムーヴ！（動かせ！　動かせ！）」と大声を上げていたジェイムスのことを、「ヘンなやつだなー」と思ったりもしていました。

とはいえ、それでも彼は、アメリカかぶれだった僕が夢見ていた〝アメリカの人〟だったのです。アメリカ人だということは、それだけですでに尊敬の対象です。アメリカ人だから、僕の知らない音楽もたくさん知っているに決まっています。ものすごい偏見ですが、いまのようにグローバルではなかった時代のこと。ましてや僕は、人間として未完成な16歳だったのです。そのため知らず知らずのうちに、ジェイムスのことも美化していたのでしょう。だから、あるときこんな話をしました。

「ジェイムスといえばさ」

「うん」

「ジェイムス・テイラーが好きなんだよね」

「…………?」

ぽかんとしたジェイムスの頭の上に、大きなクエスチョンマークが浮かんでいました。だからもう一度、繰り返してみました。

「ジェイムス・テイラー」

「誰それ?」

「えっ、知らないの?」

「知らない」

「マジで？　『マッド・スライド・スリム』の人」

「知らない。なんの人？」

「シンガーソングライター」

「ああ……。僕、音楽ぜんぜん知らない」


アメリカ人を過大評価しすぎていただけに、それはそれは衝撃的でした。でも考えてみれば、アメリカ人すべてが音楽ファンであるはずもなく、音楽に興味がない人がいてもまったく不思議ではないわけです。とはいえ、なにしろ世間知らずで恥知らずだったのです。そのため、「これは教えてあげなくてはいけない！」という謎の使命感が湧き起こってきて（こういう迷惑なタイプっていますよね）、あまり興味がなさそうなジェイムスに、ジェイムス・テイラー（以下ＪＴ）論を熱く語ったのでした。かくしてジェイムスはそれがきっかけで、僕が勧めたＪＴの『マッド・スライド・スリム』を買うことになり……ということになれば、話としては美しくまとまるのでしょう。

しかし残念ながら、そういう結末は訪れませんでした。

それどころか、ジェイムスと僕らがその店で会う機会は少しずつ減っていき、いつしか彼の顔を見ることもなくなっていったのです。喧嘩をしたというような、理由らしい理由があったわけではありません。そうではなく、少しずつ見かける機会が減っていっただけのこと。もしかしたら、知らないうちにアメリカに帰ってしまったのかもしれません。ジェイムスと仲がよかった割に、お店の人と会話をしたことはほとんどなかったので、聞いてみようということにもなりませんでした。そして、そういうしているうちに僕たちも、そこに立ち寄ることがなくなっていったのでした。

でも、そんなことがあったからなおさら、『マッド・スライド・スリム』を聴くとジェイムスのことを思い出してしまうのです。１９７１年にリリースされた、ＪＴの代表作。ダニー・コーチマー（g.）、リーランド・スカラー（b.）、ラス・カンケル（ds.）ら、のちのザ・セクションのメンバーをはじめ、豪華なメンバーによってつくられた傑作。どれだけ聴いたかわかりませんが、リリースから50年近く経っているというのに、まったく飽きることがありません。

なかでも特に素晴らしいのは、キャロル・キングの楽曲を見事に自身の色に染め上げた「きみの友だち」ではないでしょうか？　もちろんキャロルのヴァージョンも大好きなのですけれど、個人的にはこっちはもっと好きだな。ＪＴの声と歌い方が、曲調にとても合っているように感じるから。

そういえばジェイムスにＪＴの話をしたとき、「きみの友だち」のことも語ったのでした。それを聞きながら、ジェイムスがなにを考えていたのかはわかりません。そもそも音楽に興味がないのですから、「早く話が終わらないかなー」と思っていたのかもしれません。しかし、できれば、僕らも（限定的な）「友だち」だったのだと思いたいのです。

13

ジェイムス・テイラー
『マッド・スライド・スリム』

James Taylor『Mud Slide Slim and the Blue Horizon』

キャロル・キングのカヴァー「きみの友だち」が全米チャート１位を獲得し、グラミー賞を受賞することにもなった1971年リリースの３作目。キャロル・キング（piano）、ダニー・コーチマー（guitar）リーランド・スカラー（bass）、ラス・カンケル（drums）、ジョニ・ミッチェル（Back vocal）などバック・ミュージシャンも豪華。もうひとつのシングル・ヒットとなった「遠い昔（Long Ago and far Away）」を筆頭に他の収録曲のクオリティも高い最高傑作。

もっと詳しく知りたい方は「e-onkyo music」名盤ページへ

https://www.e-onkyo.com/music/album/wnr603497848171/

14

サイモン&ガーファンクル『ブックエンド』

消息不明の親友との記憶を思い出させてくれる、個人的にとても大きな価値のある作品

SIMON & GARFUNKEL
『Bookends』

またその話かとツッコミが入りそうですが、僕は三多摩地区のイケてない不良高校の出身です。いまは偏差値が上がり、中流よりちょっと上くらいになっているようですけれど、僕の時代は違ったのです。早い話が、他に行く学校がなかった学生が仕方なく集まってくる、吹きだまりのような環境。その証拠に、誰も口には出さないけれども、「こんなところにはなにも期待できない」「こんなところにいる自分たちに期待できる将来などない」というような、どよ～んとした空気が充満していました。

まだツッパリ全盛の時代。僕は不良ではありませんでしたが、周囲は長ラン&ボンタンでリーゼント頭のやつらばかりです。しかもその大半は外見だけ取り繕ってイキがっているにすぎず、なんとも中途半端な感じだったのでした。3年生になってサーファーブームが訪れると、その大半がほぼ一斉にサーファー化したしな。

ツッパリの多くは基本的に純粋で、性格的に憎めないタイプだったので、つきあいやすくはありました。だから仲は悪くなかったし、トラブルになるようなこともありませんでしたけれど、とはいえ基本的な価値観が違いすぎたのも事実。やはり深い話はできなかったので、人間関係についてはあまり期待しないようにしていたのでした。学生時代って、多少なりともみんな似たようなものでしょうけどね。

3年になったときにクラス替えがあり、M岸という男と知り合いました。いつもニコニコしていて、でもどこかに影を感じさせる、そんな学校には珍しいタイプ。腹を割って話ができる男だったため、すぐに意気投合しました。

人間関係も要領よくこなし、波風を立てたりしない男でした。いるだけで目立ってしまう僕とは違い、そつなく存在感を消せる器用さがあったのです。だから、雨が降ると学校を休むという得意技を使っても、誰もそのことに気づきませんでした。

やつは文学が好きで、いろいろな作品を教えてくれました。特にデビューしたばかりだった村上春樹に注目していて、氏が経営していたジャズ喫茶の話とか、スコット・フィッツジェラルドの話などを日常的に聞かされていました。

うちにもよく遊びに来たのですが、私服はトラッドをセンスよく着崩した感じ。聞けば聖蹟桜ヶ丘の大きな家に住んでいるらしく、家柄は悪くなかったのだと思います。もしかしたら、文学に詳しかったのも環境の影響だったのかもしれません。

高校卒業後、僕らはふたりとも大学受験に失敗し、浪人生になりました。ただ、代々木の予備校に毎日通うことになった僕とは違い、なぜかM岸は自宅浪人を選び、週に数回だけ、同じ予備校に選択科目だけを受けにきていました。そのぶん会う回数は減ったわけですが、でも、週に何度か会うたびにいろいろなことを語り合っていました。

あの一年は、お互いのことをより理解するために大きな意味を持ったように思います。でも、予測にすぎないのですが、もしかしたらあの一年の間に、M岸にはなにか重大なことがあったのかもしれません。少しずつ、でも確実に暗さが増していったようにも思えましたし、授業中にいきなり「レーゾンデートルって知ってる?」などと書いた紙切れを渡してきたりしたからです。でも、悩みをはっきり口に出せないから、あんな紙を見せたのかもしれない。つまり、あれはなにかのサインだったのかもしれない。そんなことを考えてみたところでなんの意味もないのですが、あとになっていろいろ思いを巡らせてしまったわけです。

「俺、大学に入ったら養子に出なくちゃならないんだ」

あるときM岸が、突然そんなことをいい出しました。なんの脈絡もなかったので、「え、なんで?」としか反応できません。

それに、いくら聞いても、返ってくるのは「母親に頼まれたからさ。俺、母親に弱いんだよ」というような曖昧な答えだけ。

やつの環境を考えると経済的な理由ではなかったはずですが、どうしてそういう話になったのか、いまだにわからずじまいです。

1年後、僕は滑り止めの大学にかろうじて受かりましたが、M岸はまた落ちてしまいました。自宅で2浪すると聞いたときには、正直なところ「もう無理だろうな」と感じていました。そしてお互いの環境の変化から、だんだん疎遠になっていったのでした。

サイモン&ガーファンクルのアルバムを一枚だけ選んでくれといわれたら、僕は迷わず、1968年の4作目『ブックエンド』だと答えます。とくに重要だと感じるのは前半。もちろん、映画『卒業』に使用されて全米1位になり、1969年のグラミー賞で最優秀レコードも受賞した「ミセス・ロビンソン」や「冬の散歩道」などの大ヒットが登場する後半も申し分ありません。けれどヴェトナム戦争が暗い影を落とす60年代後半のアメリカの状況や、それらに対する思いが組曲形式で描写されている前半がさらに好きなのです。

なかでも心に響くのは、アルバム・タイトルとも連動した「旧友」。公園のベンチの両端に座る2人の老人の姿についての「まるでブックエンドみたいに見える」という表現と、当時のアメリカ社会の閉塞感とが、不思議な印象とともに絡み合う楽曲です。つまり、老いていく「古い友人」たちをモチーフにしたこの曲は、深く抽象的な主張が込められたメッセージ・ソング。そういう意味において、サイモン&ガーファンクル作品のなかでも重要な一曲であるといえるはずです。

また、アルバム自体にも、そのような価値があると思います。実験的な要素も盛り込まれているけれど、そういったところも含め、サイモン&ガーファンクルがたどりつくべき必然的な作品だったと考えるわけです。

そして僕は〝旧友〟を聴くたび、誰よりも重要な友だちであったM岸のことを思い出してしまいもするのです。

あのころ、もう会うことはないかもしれないと思っていたM岸は、30歳を目前に控えたころ、僕の実家に現れました。そのころはすでに所帯を持っていたため会えなかったのですが、そのとき置いていったという一通の封筒を開けてみると、出てきた便箋には僕に関する詩が。いかにもM岸らしいなと思いました。

調布のちゃんこ鍋屋で再会したのは、それから数年経ったころ。なにより驚かされたのは、あいつの〝その後〟でした。なんと2浪して某一流私立大学の二部に合格し、大学院まで進み、ヨーロッパに留学までしたというのです。しかも、再会したそのときには、どこかの女子大の准教授になっていました。

あのバカ学校では僕よりも成績が下だったくせに、いつの間にか差をつけやがったな。そんな思いもなくはないけど、でも、うれしかったのもまた事実。「やりやがるなぁ」って感じです。

とはいえ、それももう二十数年前の話。「また会おう」といって別れたものの、結局はそれから会う機会に恵まれず、やがて連絡先もわからなくなってしまったのでした。あいつはSNSなんかやるような性格じゃないし、そもそも検索してもまったく名前がヒットしないし、ずっと気になっているのです。だから、一年に何度かは検索してみて、そして毎回ガッカリするということを繰り返しています。

結局、養子にはなったのかな？　結婚はしたのかな？　洗練されたやつだったけど、変わってもいたから独身だって気がする。というより、生きてるのかな？

さまざまな思いは、いまでもくるくると心のなかで渦を巻いています。これを書いているいま、申し合わせたかのように『ブックエンド』後半の「旧友」が流れているのですが、まさに霞に遮られているような心境です。

できれば……いや、必ずもう一度会いたいなぁ。老いぼれてブックエンドのようにベンチに座り、言葉少なに時間を共有するだけでもいいから。

14

サイモン&ガーファンクル
『ブックエンド』

SIMON & GARFUNKEL『Bookends』

　ポール・サイモンとアート・ガーファンクルによるフォーク・デュオが、1968年にリリースした５枚目のアルバム。前半は当時のアメリカの現実を投影した組曲構成になっており、後半には「冬の散歩道」「動物園にて」「フェイキン・イット」と揮発曲も収録されていた。「ミセス・ロビンソン」も映画『卒業』のサウンドトラックに収録されたが、ここには新ヴァージョンが収められている。実験的な要素も強いものの、非常に評価の高い作品。

もっと詳しく知りたい方は「e-onkyo music」名盤ページへ

https://www.e-onkyo.com/music/album/sme074640952920/

15

ウィリー・ネルソン『スターダスト』

Willie Nelson 『Stardust』

あの不器用な人は、いまごろどこでなにをしているんだろう

学生時代、近所の小さなスーパーマーケットでアルバイトをしていたことがあります。恰幅のいい経営者と、20代半ばとおぼしき息子を中心に、頑固そうなおじいさんやかわいい女の子などが同じ空間で働いていた、家族経営のローカルな店。

経営者の息子がレジ担当の女の子に気があるらしいとか、どうでもいい話がどこからともなく聞こえてきたり、なんとも牧歌的なムードが漂う空間でした。大手のチェーン店にはない、よくいえば穏やか、悪くいえば緊張感に欠ける店ではあったということです。

従業員やアルバイトの人数もたいして多くはないその組織のなかで、なぜか僕は青果担当のWさんという人に好かれていました。30歳前後の、ちょっとめんどくさい人。すぐに僕の近くに来て、自分のことを語りはじめるのです。僕は口答えをせず、いつも聞き役に徹していたので、話しやすいと思われていたのかもしれません。口答えをしなかったのは、反論するだけの勇気も、口答えできるほどの自信も自分になかったからにすぎないのですが。

「レジの○○ちゃん知ってる？　あのかわいい子」
「ああ、はい」
「あの子、どうやら俺に気があるらしいんだよなぁ。わかるんだよ」

どれくらいめんどくさいのかといえば、たとえばこんなことを真剣に話すわけです。いうまでもなく○○ちゃんとは、経営者の息子が狙っていた（らしい）子のことです。イケメンでもなく愛想もなく、そもそもコミュ障っぽいWさんに、いちばんかわいいいと評判だったレジの女の子が好意を寄せる可能性は、申し訳ないけど皆無であるといわざるを得ません。けれど、繰り返されるそのことばと真剣な目つきから察するに、どうやら本気で信じていた様子なのでした。「俺に気があることがわかる」といい切るその自信には、果たしてどのような根拠があったのか。ともあれ、それ以前から経営者の息子の悪口ばかり口にしていたのは、同じくその女の子に惹かれていた彼にライバル意識があったからなのでしょう。

でも僕は結局、そんな彼の話の聞き役になるしかなかったのでした。

「俺は夜、小説を書いてるんだ」逆さにしたビールケースに腰かけて玉ねぎの皮を剥きながら、Wさんがいいました。

「そうなんですか」

「ちびちび酒を飲みながらな。そのうち芥川賞でもとるかもな」

酒を飲みながら書いた小説で芥川賞をとれるはずがないことは、若造だった僕にもわかりました。でも、やっぱりそんなことは指摘できず、「痛い人だなぁ」と思いながらも「そうですか」「そうですね」を繰り返していました。

一度だけ、Wさんのアパートに行ったことがあります。まったく行きたくなかったのですが、「来い」といわれたので断りきれなかったのです。36ページに出てきたクリスチャンのDさんや、117ページのシンジさんなど、クセのある人はなぜか僕を部屋に呼びたがるようです。スーパーから歩いて10分程度の住宅地の一角に建つ、木造アパートの一階奥の部屋でした。玄関のすぐ横が狭いキッチンになっていて、その奥が四畳半の和室。築数十年は経ているであろう、家賃の安さが想像できる部屋でした。

驚いたのは、部屋がきちんと片づけられていたことです。普段のWさんはお世辞にも清潔感があるとはいえず、どちらかといえばだらしなく見えたため、ちょっと、いや、かなり意外ではあったのです。

デスクのようなものはなく、折りたたみ式の小さなテーブルがひとつ。その目の前に小さなステレオとテレビがあったので、そのテーブルでテレビを見たりしながら食事をしたり酒を飲んでいたのでしょう。たぶん、小説もそこで書いていたのではないかと思います。でも、原稿用紙もノートブックも見当たりませんでした。

「ウィリー・ネルソンって知ってる？」

「え、ああ、カントリーの人ですよね」

「あんまり知らねえか」

「はい、あんまり聴いたことないです」

「たしかに日本人には、ウィリー・ネルソンを理解できるやつは少ないかもしれねえなぁ。でも、俺は好きなんだよ」


まるで自分が外人であるかのようなことをいいながら、Wさんが青色のレコードをひっぱり出してレコードプレーヤーに乗せました。ウィリー・ネルソンの『スターダスト』というアルバム。ほどなく小さなスピーカーから、哀愁の漂うイントロが聞こえてきました。ああ、この曲は聴いたことがあるな。タイトル曲の〝スターダスト〟でした。

「くぅ〜、染みるねえ。ブッカー・Ｔ・ジョーンズって知ってる?」

「あ、はい。その人は知ってます」

「あいつがプロデュースしてるから、サウンドがまたシブいんだよ。スタンダード・ナンバー集なんだけど、深いわけよ」


ブッカー・Ｔ・ジョーンズのことを〝あいつ〟呼ばわりしたＷさんが立ち上がり、缶ビールとコイケヤのポテトチップスを持ってきました。ウィリー・ネルソンのしんみりとしたバラードをＢＧＭにした、男ふたりの宴会のはじまりです。間を持たせる自信など微塵もありませんでしたが、なにしろ年下なので文句はいえません。


その後、酒は「いいちこ」になり、ウィリー・ネルソンの他のレコードも何枚か聴かされました。モロにカントリーっぽいものもあり、当時の僕にはその魅力が理解できなかったのですが、Ｗさんはいいちこを飲み続け、歌の世界にどんどん入り込んでいきました。

「田舎、帰ろっかなぁ……」

いつ、どのタイミングで、どうやって逃げ出そうかと困っていたら、Wさんがいきなりそんなことをいい出したので、「またこのパターンだ。これはどうやら逃げ出せそうもないな」と諦めることにしました。

「田舎って……」

「岩手。俺、長男だし、期待されてんだよ。お袋から戻ってこいっていわれてんだけど、でもなぁ……。見合いとかさせられるだろうし。いや、何度か断ってんの、見合い。だからまぁ、ちょっとなぁ。それに、こっちでやることあるしなぁ」

「小説ですか？」

「も、そうだし。っていうか、最近書いてないんだよ。スランプってやつ。ま、すぐにまた書きはじめるだろうけどね。ストーリーは頭んなかにできあがってるから。でも、そんなことよりさ、あのレジの子にも告白したいなぁって思ってるし」

「あ、それだけはやめたほうがいいです！」といいたかったのですが、やはりいえるはずはなく、ただモヤモヤとした気分のなかでウィリー・ネルソンの歌を聴き続けていたのでした。

それからしばらくすると、スーパーからWさんの姿が消えました。Wさんの上司にあたるおじいさんに「Wさんはどうしたんですか？」と聞いても、「辞めた」と答えるだけ。


「どうして辞めたんですか」

「知らねえ」

「いま、どこに？」

「知らねえよ」


そんな答えしか返ってこなかったし、他の人もまったく興味がなさそう、もしくは口にしてはいけないというような雰囲気でした。だから結局は辞めた理由も、どこへ行ったのかもわからずじまいになってしまったのです。ただレジの女の子に変化はなかったので、告白しないまま去って行ったのでしょう。

先日、e-onkyo musicをチェックしているときに『スターダスト』を見つけたので、ダウンロードして聴いてみました。聴いたのはずいぶんひさしぶり。オープニングのタイトル曲がはじまったとき、Wさんの「くぅ〜」というリアクションを思い出して困りました。

しかしハイレゾで聴くと、あの四畳半で聴いたときとは印象がまるで違います。あたかも、ウィリー・ネルソンが目の前で歌っているような感じ。だから、「我が心のジョージア」「ブルー・スカイ」「オール・オブ・ミー」と続く以後の楽曲にもぐいぐい引き込まれていったのです。

Wさんが消えたあとも、ウィリー・ネルソンの歌はときどき聴いていました。その結果、決して自分の嫌いなタイプの音楽ではないということも自覚できるようになってました。とはいっても、普通に「いいな」と思う程度だったのです。ところが改めて聴いてみた結果、かなり印象が変わっていたのでした。「いいな」じゃなくて、「すごくいい」に。

たぶん、あの人は成功していないだろうし、あいかわらず人から敬遠されている可能性は大いにあると思います。僕も嫌いではなかったにしろ、決して好きでもなかったので、彼を煙たがる人の気持ちもわかるのです。なのに、いま思い出すと、「元気でやってるかな」と少し気になったりもするから不思議。

ウィリー・ネルソンを聴くたびに思い出してしまうので、それはちょっとカンベンしてほしいなあとは感じますが。

15

ウィリー・ネルソン『スターダスト』

Willie Nelson『Stardust』

米カントリー界の重要人物でもあるシンガー・ソングライターのウィリー・ネルソンが、メンフィス・ソウル・シーンの重要人物ブッカー・T・ジョーンズにプロデュースを委ねて生み出した1978年の作品。誰にも聴きなじみのあるスタンダード・ナンバーを、ブッカー・Tのキーボードとウィリーのギターを軸とするシンプルかつ温かみのあるサウンドによって再現。翌年のグラミー賞を受賞した「我が心のジョージア」を筆頭に、親しみやすく普遍的な楽曲が網羅されている。

もっと詳しく知りたい方は「e-onkyo music」名盤ページへ

https://www.e-onkyo.com/music/album/sme886443610545/

16

RUN DMC『キング・オブ・ロック』

既成概念を打ち壊した〝新しいロック〟

RUN DMC『King Of Rock』

何年何月になにを知ったとか、はっきりしたデータまで記憶しているわけではありません。しかしいずれにしても、ヒップホップというカルチャー、特にその範疇に収まる〝ヒップホップ・ミュージック〟が気になりはじめたのは、それまでハマっていたニュー・ウェイヴに限界を感じつつあった１９８０年代初頭のことだったと思います。

アーティストでいえば、最もインパクトを受けたのはグランドマスター・フラッシュ＆ザ・フューリアス・ファイヴ。とりわけＤＪのグランドマスター・フラッシュの存在が大きく、81年のシングル〝The Adventures of Grandmaster Flash On the Wheels of Steel〟という長ったらしいタイトルの曲を耳にしたときは本当に衝撃的でした。

これはグランドマスター・フラッシュのターンテーブル・プレイをそのままレコードにしたもので、シックの「グッド・タイムス」、ブロンディの「ラプチュア」、クイーンの「地獄へ道づれ（Another One Bites the Dust）」などが次々とミックスされていくものです。

ここがポイントで、つまりグランドマスター・フラッシュは既存のレコードを勝手にミックスし、新しい楽曲を生み出してしまったことになるのです。この〝勝手に〟という部分は著作権の侵害に当たるわけですから、当然のことながらのちに問題となります。そのため結果的にアメリカの音楽業界ではいち早く、サンプリングなどによって曲を借用した場合には著作権料を支払うことが義務づけられました。

しかし、そういう法的な問題は別としても、他者に先がけてこういうことをやらかしたという攻撃性こそが、ヒップホップの〝非常識な創造性〟を決定づけたことは事実。もちろん、この曲以前にストリートで行われていたブロック・パーティーなどが文化の源流なのですが、それを〝作品〟として流通させてしまったというところに、大きな意味があるわけです。

なにしろそれは、従来の〝規則〟や〝常識〟をことごとく覆してしまったのです。つまりそこには、ロックのなかにおいては失われつつあった反骨精神がはっきりと存在していたわけです。そういう意味において発生当初のヒップホップには、マンネリ化が否めなかったロックにとって代わる〝新しいロック〟としての役割があったのだと僕は解釈しています。

とはいえ、それは僕だけが主張していることではありません。その証拠に、同じ時代すなわちヒップホップ黎明期を目の当たりにしてきた何人かのＤＪとも、当時を振り返る会話のなかでその感覚を共有したことがあります。

そして、そんな〝新しいロック〟をわかりやすい形で見せつけてくれたのが、ラッパーであるRUNとDMC、そしてＤＪのジャム・マスター・ジェイの３人からなる

RUN DMCでした。１９８３年のファースト・シングル「イッツ・ライク・ザット」の時点ですでに確立されていた音楽性は、まさに〝新しいロック〟そのもの。続く「ハード・タイムス」「ロック・ボックス」にもいえることですが、硬質で太いビートをバックにラップするというスタイルが当時としては非常に斬新だったこともあり、たちまち刺激を求める敏感なリスナーの心を捕らえることになってしまったわけです。

ただ、当時のヒップホップは基本的にはまずシングルで流通されるものでもありました。簡略化していえば、シングルを何枚か切って、売れそうだったらアルバムを発売しましょうという流れ。事実、RUN DMCがファースト・アルバム『RUN-DMC』をリリースできたのも、シングル「イッツ・ライク・ザット」のヒットから半年以上先のことでした。

つまりはそれほど一般的な認知度が低く、〝売れるか売れないか判断しづらい〟音楽だったということなのでしょう。世界的にもヒップホップがロックを凌駕してしまった現代では、考えられないことですよね。でも逆にいうと当時は、ヒップホップがロックを超えるだなんて、自転車で火星に行くぐらい〝あり得ない〟ことだったのです。

セカンド・アルバム『キング・オブ・ロック』のリリースと、ファースト・シングルになったタイトル・トラックがチャート・インした時期はほぼ一緒なので、このあたりになると状況は少しばかり好転していたのかもしれません。でも、そうはいってもやはりアンダーグラウンド・レヴェルであったことは否定できません。たとえば僕が働いていたレンタル・レコード店は情報が早いことで知られていたのですが、にもかかわらずRUN DMCのレコードはいつまでたっても入荷されませんでした。経営者の判断の失敗ももちろんあったのでしょうけれど、判断を誤るほど情報が少なかったとも考えられるのです。

　そんなわけなので僕もRUN DMCのレコードは、実際にお金を出して買いました。それが、今回ご紹介するセカンド・アルバム『キング・オブ・ロック』です。

「お金を出して買うなんて当たり前だろ！」と思われるかもしれませんが、インターネットもサブスクリプションもなかった１９８０年代は、音楽を入手すること自体が賭けだったのです。買える枚数には限度があったし、必ずしも視聴できたわけでもありません。したがって「買ったはいいけど大ハズレ」ということも考えられたわけで、当時人気のあったレンタル・レコードは、当時の音楽ファンのそんな悩みを解消してくれる場所でもあったわけです。

レコードに針を落とした瞬間の衝撃は、はっきりと脳裏に刻まれています。あらかじめ「イッツ・ライク・ザット」や「ハード・タイムス」を聴いていましたから音の感じはなんとなく予想できましたが、オープニング「ロック・ザ・ハウス」にちょっとした仕掛けが施されていたので、のっけから驚かされたのでした。その曲は、パーカッシヴかつ重たいビートの上にRUNとDMCの〝ラップの断片〟がコラージュされる2分半のオーヴァーチュア。そこで登場する〝I'm a King of Rock〟というフレーズや瞬間的に登場するロック・ギターの音などは、続く2曲目「キング・オブ・ロック」のまさに断片だったのです。本編たる2曲目の音源を使用して1曲目をつくっているわけで、これは非常にＤＪ的な手法。

しかも、のちに彼らの代名詞ともなるそのタイトル曲は、ハードなロック・ギターを中心に据えた楽曲。まさに〝新しいロック〟の担い手としての「キング・オブ・ロック」っぷりを見せつけてくれたわけです。セカンド・シングルになった「ユー・トーク・トゥ・マッチ」の、スカスカなのにタイトなサウンドも非常にいい感じ。そう、中途半端な表現ですが、当時のRUN DMCのアプローチって、妙に〝いい感じ〟なんですよね。

そして聴き逃せないのが、DJのジャム・マスター・ジェイを中心に据えた「ジャム・マスター・ジャミン」。ロック・ギタリスト、ビリー・スクワイアの「ビッグ・ビート」という楽曲を効果的に用いており、手法的には先に触れたグランドマスター・フラッシュ〝The Adventures of Grandmaster Flash On the Wheels of Steel〟の流れをくんだ楽曲だといえます。

なおネットフリックスの『リマスター：ジャム・マスター・ジェイ』というオリジナル・ドキュメンタリーを確認してみると、RUN DMCというグループにとって、ジャム・マスター・ジェイがいかに重要な存在であったかがよくわかります。それどころか、彼がいなかったらRUN DMCというブランドも成り立たなかっただろうなとすら思わせてくれるのです。だからなおさら、彼が37歳という若さで命を落としてしまったことは、とても残念だったと感じます。

RUN DMCが本格的にブレイクしたのはこのアルバムの翌年に『レイジング・ヘル』というアルバムがリリースされてからのこと。エアロスミスの楽曲をラップ・カヴァーした「ウォーク・ディス・ウェイ」が大ヒットしたことがきっかけでした。

僕がいたレンタル・レコード店にRUN DMCのレコードが入ったのもこのときのことで（遅い）、以後、紐なしのアディダス・スーパースターを歩きにくそうに履きながら訪れるお客さんが急速に増えていったことを覚えています。僕のなかのRUN DMC熱～ヒップホップ熱もまたどんどん高まっていき、たしかこのあたりで2台のターンテーブルとDJミキサーを購入したのではないかと思います。最初のうちは店にあったショボいステレオや自宅のレコードプレーヤーでスクラッチもどきをしていたのですけれど、我慢できなくなってしまって。

ひとつだけ残念で仕方ないのは、『レイジング・ヘル』がヒットした１９８６年にＮＨＫホールで開催された初来日公演に行けなかったこと。当時は絶望的なくらいにお金がなく、チケットを買うことなど考えられないほどだったのです。でも、あれは借金してでも行くべきだったなぁ。

16

RUN DMC『キング・オブ・ロック』

RUN DMC『KING OF ROCK』

1985年にリリースされ、「キング・オブ・ロック」「ユー・トーク・トゥ・マッチ」などのシングル・ヒットを生んだセカンド・アルバム。タイトルどおり、ヒップホップのフォーマットを用いてロックに挑戦状を叩きつけることになった。RUN と DMC のラップもさることながら、ジャム・マスター・ジェイのサウンド・センスも大きなポイント。翌年の大ヒット・アルバム『レイジング・ヘル』の原点というべき、革新的なアートフォームを実感することができる。

もっと詳しく知りたい方は「e-onkyo music」名盤ページへ

https://www.e-onkyo.com/music/album/sme078221640725/

17

遠藤賢司『東京ワッショイ』

江口寿史バンドのメンバーとして、幻のフォーク・シンガーと共演した夜のこと

1980年代のなかごろの僕は〝自称イラストレーター（現実的にはフリーター）〟と称し、なんとも中途半端な日常を生きていました。なんとかなっていた時期もあったものの、結果的には挫折して描けなくなってしまい、悶々としながらレンタル・レコード店などでバイトしながら過ごしていたわけです。

漫画家の江口寿史先生と知り合ったのは、その数年前のことでした。江口先生といえば熱狂的なファンの多い漫画家であり、僕も中学生時代から憧れていた〝雲の上の

人〟。

ところがあるとき西荻窪の喫茶店で見かけたため、思い切って声をおかけしたのです。古くからのファンであり、僕もイラストを描いているので、見ていただけませんかと。いま思えばずいぶん不躾な話ですが、江口先生は快諾してくださり、そこから不思議な交流が始まったのでした。

残念ながらイラストは認めていただけませんでしたが、週に何度かは吉祥寺の仕事場まで遊びに行くようになり、昼間からふたりでレコードを聴いたり、レーザーディスク（懐かしい）で映画を観たり、そして日が暮れてきたら飲みに出かけたり。

人生経験の浅かった僕の目に、そんな江口先生の日常は〝理想的な生き方〟であるかのように映りました。もちろん漫画の連載も続けられていましたけれど、基本的に余裕があり、とても自由な感じがしたのです。ある程度はそういう余裕がないと、素晴らしい作品なんて描けないのかもしれないな……。自室で〝描けない自分〟と格闘しているときには、そんなことを考えていました。

フリーのイラストレーターとして仕事をいただくようになり、いくつか大きな仕事

（といってもたかが知れていますけれど）をしたこともありました。

そしてその一方には、江口先生および業界の方々と過ごす〝華やかで楽しい時間〟が待っていました。だからそのうち（バカなので）「ひょっとして俺、波に乗ってんじゃね？」などと大きな勘違いをしていたりもしたわけです。

ところが、そもそも美術や絵画の基礎がまったくない状態でその世界に飛び込んでしまったので、どうやっても乗り越えられないコンプレックスに押しつぶされそうになったのです。

描けば描くほど〝じっくりこない〟度合いが高まっていき、だからそのたびに「こんな描き方をしたんじゃ、基礎がないことがバレちゃうかな？」などと、どうでもいいことに悩むことになり、どんどんドツボにはまっていくような悪循環。とりあえず毎日を過ごしてはいるけれども、先になにがあるのか、そもそも先があるのかさえわからないような感じでした。振り返ってみれば考えすぎ以外のなにものでもないのですが、そんなことに気づく余裕すらなかったので、いろいろつらい時期ではあったなぁ……。

「一緒にバンドやらない？」

江口先生から誘われたのは、そんなころのことでした。伝説的なフォーク・シンガーとして知られる遠藤賢司さん（以下：エンケンさん）と意気投合し、彼のライヴに対バンとして出られることになったというのです。だからメンバーとして一緒にどうかという、非常にありがたいお誘い。

かくして僕は、ヴォーカル担当の江口先生を中心とする即席バンドのメンバーになったのでした。ちなみに他のメンバーは、先生のアシスタント、知り合いの漫画家、編集者などなど業界人ばかり。肩書きがあるようでない僕だけが微妙な立ち位置におり、なんとも微妙な気分でした。事実、その日のことを取り上げた漫画に一コマだけ登場した僕の肩書は「ナゾの男」になってたしなぁ。

来たるべきライヴに向けた江口寿史バンドの練習は、それはそれは過酷なものでした。いや、嘘です。なにしろ週に何度か集まってスタジオに入り、ダラダラと過ごしているうちに終了。で、その後は飲み会に突入するというような調子だったのですから。早い話が、飲み会のために時間を浪費するような感じ。それが最高に楽しかったんですけどね。

ところでバンドでの僕は、「リズム・マシンを操作する人」でした。最初はギターだったのですけれど、ギタリストが３人だか４人になってしまったため「印南くんはギター、いいや」みたいな流れになったのです。

そのため「だったら俺、やることないじゃん！」とふてくされたところ、「じゃあ、リズム・マシンの係ね」ということになったわけです。意味があるのかないのかわからなかったけど（たぶん、なかったな）。

ただし操作とはいっても、実際にはオン／オフのボタンを押すだけです。ボタンを押せば仕事は終わりなので、演奏中はすることがありません。仕方がないから必要以上に難しそうな表情をして、使いもしないツマミやスイッチをいじるふりをしていたのでした。

そのライヴが開催されたのは吉祥寺の、いまはもうない「のろ」というライヴハウスでした。我々以外にも対バンがいたのですが、それは俳優の佐野史郎さん率いる「タイムスリップ」というバンド。佐野さんがドラマでマザコンの「冬彦さん」役を演じ、大ブレイクするよりも前の話です。

なにしろ伝説のフォーク・シンガーのライヴであり、カリスマ的に支持されていた江口先生のステージを観るために訪れた人も多く、会場は満員でした。会場内に期待感が満ちていることが、手に取るようにわかりました。結局、練習が間に合わなかったため、江口寿史バンドが披露したのは3曲のみ。しかも1曲目はインストゥルメンタル・ナンバーだったので、江口先生は2曲しか歌わなかったのですが、それでも大盛り上がり。〝人の力〟だけで熱狂させられるとは、さすが江口先生だなぁと感心した反面、何者でもない自分の不甲斐なさを身にしみて感じたりもしたのでした。

さて、そのあとはいよいよエンケンさんの登場です。

彼が登場した時点で、場の熱気がさらに上昇したことがわかりました。ギターをかき鳴らしながら歌うエンケンさんのスタイルは「パンク・フォーク」と呼ぶにふさわしく、ステージの端で聴いているだけでグッときました。

なにせ30年以上前のことですから、曲順などは覚えていません。

ただ、有名な「カレーライス」が歌われている最中に涙腺が崩壊し、さらに「不滅の男」のときには涙が止まらなくなりました。傑作と名高い１９７９年作『東京ワッショイ』から誕生した、エンケンさんの代表曲のひとつです。

「いままで何度　倒れただろうか　でも俺はこうして立ち上がる」
「そう　俺は本当に馬鹿野郎だ　だから　わかるかい　天才なんだ」

挫折したイラストレーターとして、「チャンスを使い果たしてしまったんじゃないか」「もう希望はないんじゃないか」などと毎日ウジウジ考えていた身に、「俺は天才なんだ」という歌詞は鋭く突き刺さりました。いうまでもありません。当時の僕には、そんな大それたことを口にする勇気などなかったからです。だから、手が届きそうな場所で顔をしかめ、熱く歌い上げているエンケンさんから、ものすごく大切なことを教えられた気がしたのです。

エンケンさんに名作は少なくありませんが、なかでも『東京ワッショイ』は頭ひとつ抜け出ているように思います。翌年の『宇宙防衛軍』と同様に、伝説のバンド、四人囃子が参加している傑作。タイトル曲にみなぎるパンク魂、テクノ感が気持ちよすぎる「哀愁の東京タワー」、デビュー・シングル「ほんとだよ」のセルフ・カヴァーなどなど、ジャンルの枠を突き抜けた収録曲はどれも秀逸。

いま聴いてもまったく古さは感じませんし、それどころか閉塞感の漂う現代だからこそ、エンケンさんにしか表現できない〝直球感〟が余計に響くような気もします。

たしか、そのあと電話で話したことが一度だけありました。でもそれ以降、お会いする機会は訪れませんでした。何度か電話はかけたのですが、いつも留守番電話から猫の真似をしたエンケンさんの声が聞こえてくるだけで。

だから２０１７年の秋に訃報を目にし、後悔したのでした。「もっとしつこく電話して、なんとかまたお会いしていればよかったなぁ」という気持ちを拭えなかったのです。

17

遠藤賢司

『東京ワッショイ』

『HARD FOLK KENJI』から４年の歳月を経て、ベルウッド・レーベルから1979年にリリースされた８枚目のアルバム。“東京”をテーマに掲げ、当時の最先端だったパンク／ニューウェイヴのエッセンスをふんだんに盛り込んだ作品。編曲を担当した佐久間正英、岡井大二、佐藤 満ら四人囃子のメンバー、さらには山内テツが参加したことも話題となった。タイトル曲に加え「ほんとだよ」のセルフ・カヴァー、名曲として知られる「不滅の男」などを収録。横尾忠則によるジャケットも話題に。

もっと詳しく知りたい方は「e-onkyo music」名盤ページへ

https://www.e-onkyo.com/music/album/nopa1726/

18

トム・ウェイツ『ハートアタック・アンド・ヴァイン』

Tom Waits『Heartattack And Vine』

地味ながらも染みる隠れた名作が思い出させるのは、20代のころの大切な仲間

先にも触れたとおり、20代の前半から中盤にかけ、荻窪にあった小さなレンタル・レコード店でアルバイトしていました。ジャーマン・プログレから最新のヒップホップまでを採算度外視で網羅した、必要以上にマニアックなお店。当時の僕は「自称フリーランスのイラストレーター」であり、実際のところほとんど仕事はなかったため、いつしかその店での仕事が本業のような感じになっていたのでした。

朝11時少し前に出勤し、向かいのたばこ屋さんのおじいちゃんと世間話をしながら

シャッターを開け、掃除をしてから業務スタート。とはいえ、途切れなくお客さんが来るような店ではありませんでしたから、好きなレコードを聴いていれば勤務時間が過ぎていくような感じでした。数年後に閉店してしまったのはそのせいかもしれませんし、時給もあり得ないほど低かったのですけれど、それでもやはり「レコード聴き放題」には大きな魅力があったのです。

　ちなみにそのころ、お勧めのレコードに推薦文を貼りつけていたのですが、やがて「印南さんの推薦文がついてないレコードは借りない」などといってくれる常連さんが出てきたりして、とてもうれしく感じたものです。つまり、それが音楽ライターとしての僕の原点。

　という話ともつながるのですが、あの店で僕が得た最大の恩恵は、人との出会いでした。「別に借りたいものはないんだけど、（僕の）自転車が停まってたから、いるんだなと思って来てみた」などといいながら入ってくる常連さんも多く、気がつけば店は小さなコミュニティのような感じになっていったのです。なにをするでもなく、何時間もとぐろを巻いているやつも少なくなかったし、仕事が終わってから飲みに行くこともあったし、つまりは仲間がたくさん集まってきたわけです。その少し前までは（自分に自信がなかったからこそ）非常に尖っており、「あの店には怖いお兄さんがいる」とかいわれていたらしいのですが、あるとき必要以上にキリキリすることがバカバカしくなって〝普通〟に戻ってみたら、途端に人が集まり始めたという不思議（というより、当たり前の話）。やっぱり壁をつくるのではなく、自然体がいいということですね。

若いのにブルースが好きだったタケジも、そんな仲間のひとりでした。何歳か年下だったので、ふてぶてしい表情をして初めて店を訪れたときは、まだ20代前半だったはず。すぐに意気投合したのは、他の常連たちと同じように、自分と似た匂いを感じたからだったのでしょう。だから彼もほどなく、「用もないのに週に数回は訪れる常連」のひとりになっていったのです。

タケジは深夜に交通誘導員のアルバイトをしていました。仕事中は反射板のついた作業服を着てヘルメットを被り、誘導灯を振っているのだと聞いたときは、ちょっと笑ってしまいました。なんとも失礼な話ですが、安い古着を最高にかっこよく着こなすセンスの持ち主だったので、イメージのギャップが大きかったのです。

そのバイトをしていたのは、編集の専門学校に通うお金を貯めることが目的だと聞いていました。編集者になりたいという夢を持っていたのです。やがてお金が貯まって夜間の専門学校に通いはじめてからは、店に来る回数が少しずつ減っていきました。でも、充実していたようです。その証拠に、学校帰りに立ち寄ったときなどに見る顔はいつも輝いて見えました。

専門学校を卒業したタケジは、無事に編集者の職を得ました。夢が叶ったわけです。ところが残念ながら、そこは思い描いていた世界とはだいぶ違っていたようでした。それもそのはずで、やつが入ったのはＳＭ雑誌の編集部だったのです。どうしてそこを選んだのかはわかりませんが、少なくとも相性はよくなかったようです。事実、日に日に憔悴していくようにも見えました。

「ああいうのを見せつけられちゃうと、きつくてさー」

ＳＭ業界の、ここには書けないエグい話も聞いたのですが、〃ああいうの〃や〃そういうの〃を見せつけられ続ければ、そりゃ愚痴のひとつも口にしたくなるだろうなと感じたものです。だから店を閉めたあとに飲みに行き、話を聞いたりしていました。僕にできることは、それくらいしかなかったから。

やがて店が傾き始め、僕も辞めてしまったため、そのコミュニティも自然消滅することになりました。何人かとはそれ以降も会う機会がありましたが、なんとなく会わなくなってしまった人間もいるわけで、タケジもそのひとりでした。

そして気がつけば、いつの間にやら三十数年が経過していたのでした。

ひさしぶりにタケジのことを思い出したのは、同じくひさしぶりに、何年も聴いていなかったトム・ウェイツの１９８０年作『ハートアタック・アンド・ヴァイン』を聴いていたときのことでした。しゃがれた声が持ち味のシンガーソングライターであるトム・ウェイツには、１９７３年のファースト・アルバム『クロージング・タイム』を筆頭とする名作が少なくありません。その名を知らしめることになったのは、同作に収められていた『オール‘55』がイーグルスに取り上げられたため。それをきっかけとして秀作を連発するようになっていったわけで、どのアルバムのクオリティもおしなべて高いと思います。『ハートアタック・アンド・ヴァイン』はさほど高評価を受けた作品ではないのですが、とはいえやはり高品質。しかも店でタケジとこのアルバムについて話した記憶が残っているので、僕にとっては印象深い作品でもあるのです。そのせいで、いつのころからかトム・ウェイツを聴くとタケジを思い出すようになっていたし。それに、顔こそ似ていないけれど、渋い存在感に関していえば、あいつとトム・ウェイツにはどこか似た部分があった気もするのです。

そういえば、ジム・ジャームッシュの映画『ダウン・バイ・ロー』を観てきた帰りに立ち寄ったあいつが、主演していたトム・ウェイツについて熱く語ってくれたことがあったな。コミカルな演技が気に入ったらしく、何度もトム・ウェイツになりきって演技の真似をしながら。

で、何度聴いても味わいを感じさせるウェイツのダミ声を聴いていたら懐かしくなって、タケジの名前を検索してみました。いまは検索すれば、どこでなにをしているかがわかったりもするので便利ですよね。でも、画面に表示された情報は、僕を驚かせることになりました。

引っかかったのは、13年も前のミクシィの記事でした。ミクシィというだけで、いかに過去のものであるかを実感できます。発信者は中野のブルース・バーの方で、そこには衝撃的なことが書かれていました。

「訃報【○○○○さんが亡くなりました】」

いうまでもなく、「○○○○」に書かれていたのはタケジの本名です。やつはそのブルース・バーの常連だったらしいのですが、なんでも心筋梗塞で他界したとのこと。一人暮らししていたマンションで倒れているのを、会社の人が見つけたのだそうです。正確な年齢はわからないものの、40代前半だったはずだというので、残念ながら年齢的にも計算が合ってしまいます。

晩年は、カメラマンをやっていたのだとか。そうか、編集者からカメラマンに転職していたのか。たしかに貸しレコードでダラダラ過ごしていたあのころも、故郷のおじいちゃんを黒いサングラスとアコースティック・ギターで〝正装〟させ、ブルースマンっぽくして撮影したりしてたな。あれは遊びだったけど、すごいセンスだと思った。そのセンスを、お金にすることができていたんだな。

しかし、僕としては後悔する以外になかったわけです。なにしろ、13年間も彼の死を知らなかったことになるのですから。しかも、その書き込みによれば、さほど遠くはない場所で暮らしていたようだし。だから、なぜもっと早く連絡しなかったのかと、自分を責めずにはいられなかったのです。そして、「人って、あっけなく死んでしまうものなんだな」と感じました。

もちろん、『ハートアタック・アンド・ヴァイン』のことを思い出したのは単なる偶然です。でも、「心筋梗塞とつる草」というタイトルは、図らずも彼の死因である心筋梗塞に直結してしまうので、その偶然はちょっといやだな。

とはいえ、改めて聴きなおしてみても、やはりいいアルバムだなと感じます。タイトル曲のブルージーなイントロや、バラードの「セイヴィング・オール・マイ・ラヴ・フォー・ユー」、ブルース・スプリングスティーンも取り上げた「ジャージー・ガール」などなど、どこを切っても時流に左右されることのないトム・ウェイツらしさが充満しているから。聴いていると、どうしてもタケジの顔を思い出してしまうので、それがちょっと少しばかり困りものなのですが。

近いうち、ミクシィに訃報を書いてくれたオーナーがいる中野の店を訪ね、生前のあいつのことを聞いてみようと思っています。

18

トム・ウェイツ
『ハートアタック・アンド・ヴァイン』

Tom Waits『Heartattack And Vine』

デビュー以来在籍していたアサイラム・レーベルからの最終作となった7枚目。以後クリエイティヴ・パートナー／ツア・メンバーとなるベーシストのグレッグ・コーエン、アース・ウィンド＆ファイアの初期メンバーとしても知られるギタリストのローランド・バウティスタ、ニューオリンズの大物であるハモンド・オルガンのロニー・バロンらを従え、独自の渋い世界観を表現。「ルビーズ・アームズ」では恋人だったリッキー・リー・ジョーンズのことを歌っている。

19

THE BLUE HEARTS『THE BLUE HEARTS』

あのころ「終わらない歌」に共感したソウルメイト、チャーリーはいま……

ふたたび、レンタル・レコード店のことについての話です。なにしろそこは店というよりコミュニティのような場所だったので、集まってくる常連も、なんだかいろいろ個性の塊のようなやつばかりだったのでした。だから非常に楽しかったのですが、たとえば、この話の主役であるチャーリーもそのひとり。

いや、チャーリーとか呼んでますけど、もちろん生粋の日本人ですし、それどころか本名は非常に地味なのです。でも、そのルックスは見事なくらいにワイルド系。本人はトム・ウェイツやキース・リチャーズの見た目に憧れていたようですが、たしかに（少なくとも外見的には）「ロックで生きていく以外に道がないのではないか？」と思わせるような雰囲気を持っていたのです。

で、あるとき僕が軽いノリで「チャーリー・セクストンと明石家さんまを足して2で割ったような顔だよねー」と、非常に失礼な発言をしたことがきっかけで、そいつのニックネームはチャーリーになったのでした。というより、僕が強制的に〝チャーリー扱い〟してただけの話なんですけど。

ちなみにチャーリー・セクストンは、17歳だった１９８５年に『ピクチャーズ・フォー・プレジャー』というアルバムでデビューしたアーティスト。のちにボブ・ディランのバック・バンド・メンバーになったことでも有名ですが、いま思えばチャーリーとは全然似ていません。そう考えると、当時の僕がいかにテキトーであったかがわかります（いまでもたいして変わりませんが）。

あのころチャーリーは、倉庫内作業のバイトをしながらロック・ミュージシャンを目指していました。だから、よく将来の夢を聞かされたものです。人の悩みを聞くのは嫌いではないので別にかまわなかったのですが、ただ、その内容が……。


「俺、ロックで食っていきたいんすよ！」

「合ってると思うよ（見た目はな）。なら、バンドがんばんなきゃね」

「いや俺、バンドやってないんっすよ」

「え？」

「メンバー集まらなくて。っていうか、集めたことなくて」

「……集めりゃいいじゃん」

「でも俺、気が短いし、音楽性の違いで衝突しちゃったりしたらバンドって面倒じゃないですか」

「そんなことといってたら、バンドなんてできないじゃん」

「そうなんですけど、でも、もしも〜だったら」（以下省略）

たとえばこんな具合に、あれがやりたい、これがやりたいというわりには、応援しようと背中を押すと「でも、もしも〜だったら」と、ありもしない仮定論を展開するわけです。だから将来の話になるたび、こちらとしても「なんといったらいいのやら」と苦悩するしかなかったのでした。それでも非常に憎めないキャラなので、嫌いになれなかったんですけどね。むしろ、おもしろくてたまらなかったんですけどね。

「あ、ブルー・ハーツだ」

ある日、バイトを終えて店に来たチャーリーが、新入荷のコーナーに入っていたブルー・ハーツのデビュー・アルバムを見つけて声を上げました。そして、そこに貼ってあった僕のコメントを指差しながらこちらを向き、「このコメント、すっげぇ長くないっすか？」と笑いやがるのです。

１７８ページでも触れたように、僕は当時、自分がお勧めするレコードに推薦文をつけていたのでした。でも、たしかにブルー・ハーツのレコードにつけたコメントは、通常の倍以上の文字量になってしまったんですよね。すごく感動して、とても好きなレコードだったから、書かずにはいられなくて。

「俺、これ聴きたかったんすよ」

僕としても聴かせたかったので、すぐにそのレコードをターンテーブルに載せました。

チャーリー以外にお客さんのいない店内に、オープニング「未来は僕等の手の中」のイントロが爆音で流れ始めました。もちろん僕は、すでにその時点で何度も聴いていたわけですけれど、それでもやっぱり感動します。すなわち、それこそがブルー・ハーツの魅力。パンク・ロックというフォーマットを守りながら、そのアプローチはとてもキャッチー。音楽性の間口が広く、率直な歌詞にも聴く側の心に訴えかける力がある——。そこには、僕が身につけていた価値観を軽く蹴散らすほどのインパクトが備わっていました。セックス・ピストルズに代表されるオリジナル・パンクの洗礼をリアルタイムで受けたのち、ポスト・パンクやニュー・ウェイヴなどを経て閉鎖的なハードコア・パンクやポジティヴ・パンクなどに傾倒していった僕からすれば、そのアプローチは衝撃以外のなにものでもなかったわけです。

そのとき初めてブルー・ハーツ体験をしたチャーリーも、似たようなことを考えていたようです。その証拠に、さっきまでバカ話をしていたにもかかわらず、黙り込んでじっと聴いていました。「終わらない歌」が聞こえてきたとき、ボソッと「これ、すごいすね」と口にした彼の気持ちは、なんとなくわかる気がしました。

すでに20代半ばに達していたにもかかわらず、あのころの僕はなにをやってもうまくいかず、「俺、もうダメなのかもなぁ」と弱気になることも少なくありませんでした。だから、「終わらない歌」のなかの「もうだめだと思うことは　今まで何度でもあった」という歌詞に強く共感したのです。おそらくチャーリーも、同じような気持ちだったのでしょう。

「俺、職人になろうと思ってるんですよ」

レンタル・レコード店をやめ、紆余曲折を経て広告デザインの仕事に就いた数年後、たまたま電車のなかで再会したチャーリーは、つり革をつかんでぶらぶら前後に動きながらそんなことをいいだしました。

「職人って、なんの？」

「なんでもいいんですけど、職人って、なんかちゃんとしてる感じがするじゃないすか」

すでに20代後半になっていたであろうチャーリーは、やはりチャーリーのまんまでした。さすがに「こいつ、大丈夫か？」と心配にもなりましたが、もっと驚いたのは、それから数年後に僕が紹介した女の子と結婚したことです。仲介役ということで結婚パーティーでのスピーチを頼まれたのですが、レンタル・レコード店の常連たちを前にお祝いのことばを口にしたときは、なんだか不思議な気がしました。

俺たち、大人になったんだなって。

「吉祥寺にチャーリーがいた」

妻からそんなことを聞かされたのは、さらに数年が経過したころでした。かつて吉祥寺パルコにあった書店で、娘を連れたチャーリーを見たというのです。ちょっと離れていたため声をかけられなかったものの、それは明らかにチャーリーだったと。小学生くらいの娘が「パパ、もう行こうよ」と服の袖を引っぱっているのに、「うん、うん」と生返事をしながら立ち読みをしていたと。

そして、そこから一気に時が過ぎ、いきなり昨晩の話です。どこかのタイミングでLINEのやりとりをしていたので、酔った勢いでオンラインの会話をしたのでした。もう20年近く会っていないのに、SNSの時代は便利なものですね。しかも社会性ゼロだったチャーリーは、いまでは立派なサラリーマンとして活躍しているようです。

「実は期待を裏切るレベルで実直なサラリーマンに成長しました！」

まさか、そんなメッセージをもらうことになるだなんて考えてもいなかったなー。しかも、娘さんが22歳と16歳だというので二度ビックリ。

懐かしくなって『THE BLUE HEARTS』をかけたら、バカなことばっかりやってた当時の情景が蘇ってきました。あのころはお互いに不安だらけだったけど、真面目に生きていれば、なんとかなるということなのかもね。前に書いたタケジのためにも、幸いにも生き残っている我々は誠実に生きなければいけないな。

19

THE BLUE HEARTS
『THE BLUE HEARTS』

彼らの名を知らしめることになったインディーズ時代のシングル「人にやさしく」に次いで、1987年にリリースされたファースト・アルバム。セルフ・プロデュース作であり、ブルースからの影響も感じさせるシンプルでキャッチーな音楽性が魅力。代表曲としても有名なメジャー・デビュー・シングル「リンダリンダ」をはじめ、「未来は僕等の手の中」「終わらない歌」「少年の詩」「爆弾が落っこちる時」など、代表作というべき楽曲を多数送り出すことになった。

もっと詳しく知りたい方は「e-onkyo music」名盤ページへ

https://www.e-onkyo.com/music/album/mecr2031/

20

マライア・キャリー『マライア』
思い出すのは、南青山の空気と好きだった上司のことば

MARIAH CAREY
『Mariah Carey』

とある広告代理店に転職したのは、１９８０年代が終わろうとしていたころのこと。広告代理店というと電通のような一流企業をイメージされるかもしれませんが、求人広告を専門に扱っていた零細企業です。とはいえバブル真っ盛りの時期でしたから、そんな会社のやることも、いちいち必要以上に豪快さんだったのでした。

なにしろ業界内に、どう転がっても太刀打ちできないレベルの強豪大手が２社も存

在し、両社とも有名な求人媒体を流通させていたにもかかわらず、無名の分際で新媒体を創刊させてしまったのですから。訴求力があるんだかないんだかわからないＴＶＣＭもガンガン流していたし、やることがまるっきり自殺行為。

　時代の勢いというのは、恐ろしいものですなあ。

　僕が配属されたのは、その会社が南青山に新しく開いた制作部分室でした。本社は神田にあったのですが、直属の上司だったＵさんが「売り手市場なんですから、神田じゃ人なんて集まりませんよ」と主張したため、「ああ、そうですか」ということで青山に分室ができたのです。

　ちなみに当時40代後半だったＵさんも、創刊にあたって某大手広告代理店から引き抜かれてきたクリエイティブ・ディレクターでした。事務所は骨董通り沿いの、１階にデザイナーズブランドのプレスルームが入っているマンションの10階。

　月の家賃が１００万円だというテラスつきの広い物件で、大きな窓からは渋谷が見渡せました。僕はそこで働きながら、とても意義のある時間を過ごしたのでした。

求人広告は、広告の世界では末端で、そもそもデザイン要素が求められるようなものではありません。しかし時代の勢いを受け、その事務所ではUさんの指揮のもと、「ワンランク上の求人広告をつくろう」というコンセプトを掲げていたのです。おかげで、求人広告とは思えないほどクリエイティブなことができましたし、とてもやりがいがありました。

英国紳士的な風貌のUさんは目黒の良家の出身だというだけあり、とても上品な人でした。しかし偉そうではなくフランクで、いつも冗談をいってみんなを笑わせているようなムードメーカー。よく「僕は強いことがいえないタイプだから」と話していましたが、たしかに部下がなにかをやらかしたとしても、怒ったり説教するようなことはありませんでした。

そしてUさんがそんな人だと知っていた僕は、いい気になって、しばしばランチのときにビールを飲んでいたのでした（おい！）。でも一度だけ、それを見抜かれたことがあったんですよね。

ランチを終えて事務所に戻ってきた僕をじっと見上げ、Uさんがぽつりと「酒、飲んできただろ」と指摘。「この辺が赤い」といいながら、両側の頬のあたりに指で輪っかをつくったのでした。それ以上はなにもいわなかったし、怒られたわけでもありません。だから僕も「飲んでませんよー」と中途半端にごまかすしかなかったのですが、あれは怒鳴られるよりも響いたかもしれないなあ（自業自得）。

しかし、そんなことをしてもいたけれど、基本的には仕事が楽しく、そして忙しい毎日を送っていました。同僚たちが帰ったあとも、ほとんど毎日ひとりで、あるいはUさんとふたりで遅くまで残業していたし。特に会話をするでもなく黙々と作業をする時間は、なかなか心地よくもありました。

がんばれた理由のひとつは、口にこそ出さないものの、Uさんが僕の仕事を認めてくださっていることがわかったからです。たまに「これ、やってみない？　同じことばっかりやってるんじゃ、つまらないだろ」と、個人の仕事を振ってくれたりもしたし。だから、「ちゃんと考えてくれてるんだな」と、うれしく感じていたのです。

事務所ではいつも、開局したばかりのJ-WAVEがつけっぱなしになっていました。

あのころ青山の空を眺めながら聴いていた曲は、どれもいまだに記憶に残っています。ただ、Uさんとは音楽の好みがちょっと噛み合っていませんでした。僕は当時から下品なヒップホップが大好きだったのですが、なにしろ彼は絵に描いたようなお坊ちゃん育ちです。

フランク・シナトラやフレッド・アステアを愛し、デビューしたばかりだったハリー・コニックJr.を絶賛し……というような感じ。僕も40代を過ぎてから、やっとシナトラの魅力が理解できるようになったのですが、当時はまったく理解不能。「ただのお上品な音楽じゃん」としか感じることができなかったのです。

だから、鳴り物入りでデビューしたマライア・キャリーの魅力をUさんが興奮気味に話しても、「そうなんですか」くらいにしか反応できませんでした。なぜってそれは、いかにもUさんが好きそうな品のよい音楽にしか聞こえなかったから。シングル・カットされた「ヴィジョンズ・オブ・ラヴ」や「ラヴ・テイクス・タイム」が、J-WAVEで頻繁にプレイされていた時代。

そのきらびやかなサウンドは、僕にとってバブルの象徴だったのです。あとあと、その解釈が的外れだったことに気づくわけですが。

あいかわらず仕事は順調で、営業からの依頼も途絶えることがなかったので、なにも変わっていないように見えました。ところが媒体自体は結果を出せず、同じころ、会社は傾きかけていたようでした。バブルのまっただなかだったのに。

なんとなく気づいてはいましたけれど、だからといって現場の僕が落胆したところでなんにもなりません。できることは、いい仕事をすることだとだけ考え、余計なことは考えないようにしていました。

いつのころからか外出する機会が増えていったUさんから電話が入ったのは、そんなある日の夕方。新媒体の創刊から、すでに1年半ほど経っていました。

「いま忙しいですか？　ちょっと出られませんか？」

「わかりました。すぐに行きます」

骨董通り沿いに、見慣れたUさんのオペルが停まっていました。運転席からこちらを見上げたＵさんが、外に立つ僕に、助手席に座るよう目で指示しました。柔らかなシートに身を埋めると、見慣れた南青山の景色がいつもと違って映りました。

そしてそのまま、黙ってＵさんのことばを待ちました。

「……あのですね、雑誌は休刊です。休刊というのは廃刊のことです。事務所も解散です。会社もなくなります。だから早めに、次の勤務先を探してください」

「はい、わかりました」


予想はついていたので、驚きはしませんでした。でも、それは仕方がないとしても、誰より先に僕に告げてくれたことをありがたく感じました。それだけで、入社以来の努力が報われるような気がしたからです。

かくしてその媒体は休刊となり、事務所も閉められ、ほどなく会社は倒産しました。最後の日をどのように終えたのかは記憶にありませんし、それ以来、Ｕさんにも会っていません。


事務所解散からしばらく経ったころ、Ｕさんがベタ褒めしていたマライアのデビュー・アルバムを最初から聞きなおしたことがあります。特に意味があったわけではなく、本当に「なんとなく」。でもオープニングの「ヴィジョンズ・オブ・ラヴ」がスタートした時点で、青山のあの事務所の光景や、窓際の席でみんなを笑わせるUさんの笑顔が頭に蘇りました。当時は「自分には関係ない音楽」ぐらいにしか思っていなかったけれど、しっかりと記憶に残っていたのです。

話は前後しますが、その事務所に入って数ヶ月が経った年末、壁にぶちあたったことがありました。

たしか、つまらない人間関係のことだったと思いますが、やっていけるのだろうかと追い詰められていたのです。でも悩みを抱えたまま年を越したくなかったので、近所の公衆電話からUさんに電話しました。北風が吹くなか、寒さに耐えながら思いを伝えたのでした。

「……あんまり、そういうことを深刻に考えないほうがいいですよ」

Uさんから返ってきた答えはそれだけでした。ちょっと拍子抜けしましたが、そのことばを聞いた瞬間、頭のなかを覆っていた霧がさっと晴れるような気がしたのも事実。おかげで壁を乗り越えることができ、翌年の始めから仕事を楽しめるようになったのです。おそらくあの経験も、いまこうして生きている僕に必要なプロセスだったのだろうなと思います。

Uさんは、おそらく70代後半になっているはずです。どこにいらっしゃるのかもわからないのですが、本当にお世話になったので、「またお会いしたいなあ」と強く感じるのです。ついさっきも、マライアを聴きながら当時のことをいろいろ思い出していたところでした。

20

マライア・キャリー
『マライア』

MARIAH CAREY『Mariah Carey』

7オクターブのヴォーカル・スキルを武器として、華々しくシーンに躍り出たマライアのファースト・アルバム。「ヴィジョンズ・オブ・ラヴ」「ラヴ・テイクス・タイム」「サムデイ」「アイ・ドント・ウォナ・クライ」と、カットされた全シングルが全米ナンバー・ワン・ヒットとなった。さらに翌年には、グラミー賞で最優秀新人賞と最優秀女性ポップ・ヴォーカルを獲得。デビュー作とは思えない完成度の高さが、多くのリスナーの心をつかむことに。

もっと詳しく知りたい方は「e-onkyo music」名盤ページへ

https://www.e-onkyo.com/music/album/sme074644520224/

21

ニール・ヤング『グレイテスト・ヒッツ』

Neil Young『Greatest Hits』

深夜の碓氷峠で、トラックにパッシングされながら聴いた“Harvest Moon”

どんな人間の人生も、一編の小説になるものだ――。

そんな話をよく聞きますが、たしかに文章を書いている人なら、一度や二度は「小説を書きたい」と思ったことがあるのではないかと思います。いや、それは書く習慣のない人にだってあてはまるかもしれません。うれしいことであれ悲しいことであれ、生きていく過程では誰のなかにも、さまざまなトピックが積み上がっていくもの。だとすれば、「どうしても書きたい」「書かずにはいられない」と思うのはある意味で当然だからです。「生きているうちに〝自分史〟を書いておきたい」と考える人が多いのも、そして、そこに目をつけて「自分史を書いてみませんか？」などと甘い誘いをかける出版社が減らないのも、そんな理由があるからなのでしょう。

同じような気持ちは僕にもあるので、20代のころから「書かなくては……」と思い続けてきました。というより何度か書き上げたことがあり、そのいくつかは友人である編集者にほめてもらえたりもしたのです。とはいえ結局は、「でも、これを本にはできない」といわれて終わったものばかり。

「とにかく書き続けて」とありがたいアドバイスをもらえはしたものの、結局はなかなか書く時間を取れず、気がつけば数十年が経過していたような感じなのです。したがってまだ中途半端な状態のままであり、いまなお夢は達成できていないということになります。

「小説なんて、一生に一編書けるか書けないかというレベルのものなんだよ。一編でも書けたら、それはすごいこと。いやマジで」

30代になったばかりのころ、その編集者からいわれたことがあります。正直なところ、そのときは「一生に一編じゃー話にならないじゃん」と感じたものでした。けれど、書けない状態がここまで続くと、たしかにそういうものなのかもしれないなぁと感じたりもしています。一編でも書けたら万々歳だし、書けなかったら、自分は書けない人間なのだという事実を受け入れる以外にないということ。「書けない＝ダメ」というわけではないとも、いまならちょっとは思えるけれど、果たして最終的にはどうなるのかな？

さて、今回は小説に対する思いがいまよりも熱かった、1992年のお話です。当時も書いていた小説があって、そのなかに「深夜の碓氷峠を、ニール・ヤングの〝ハーヴェスト・ムーン〟を聴きながら走る」という場面を入れたいと思っていたのでした。などと書くと、われながら陳腐な感じがしますなぁ（涙）。「なにそれ？」と薄ら恥ずかしくもなりますし、そもそもどんなストーリーにしたかったのかをよく覚えていません（そんなものよ）。

ともあれそのときは、思ったからにはやってみないと納得できなかったわけです。でもインターネットもなかった時代のことですから、書店で『天文年鑑』というデータ本を買ってきて満月の日を調べ、会社が終わって帰宅してから車を出し、深夜の碓氷峠を目指したのでした。３、４回は行ったんじゃなかったかな？

関越自動車道と上信越自動車道がつながる前のことでしたから、高崎から国道18号に入って碓氷峠へ。パチンコ屋とかファストフードの看板だけが煌びやかに目立つ国道18号は、ネオンの光が明るければ明るいほど寂しく見えました。でも、ローカルなその雰囲気が好きでもあったんですよね。

しかし碓氷峠に入ると、当然ながら別の寂しさが漂い始めるわけです。当たり前ですが、墨汁のように暗い深夜の碓氷峠なんて、トラックぐらいしか走っていないからです。いわば、仕事という大義名分を抱えながら走る彼らこそが主役だったのです。だとすれば、ニール・ヤングを聴きながら、満月を眺めながら呑気に走っているような車なんか邪魔に決まっています。

トロトロ走って流れを乱すわけにはいきませんから、もちろん最低限のスピードは出していました。とはいえ時間に追われるトラックにとっては、それでも「遅い車が前にいてウザい」という状態だったのでしょう。そのため背後から激しくパッシングされ、煽られまくりました。しかし、それでも月は見たかったので、煽られるたびに車線変更して道を譲りつつ、深夜の謎ドライブを続けたのでした。

そういえば一度、ものすごく恐ろしいことがあったなぁ。

深夜12時、碓氷峠の闇のなかを駆け抜けているとき、ポケットベルが突然鳴りはじめたのです。まだ携帯電話などなく、ポケベルが連絡手段でしたからね。とはいえ深夜の真っ暗な山道です。そんなところで、いきなりポケベルが鳴るというシチュエーションを思い浮かべてみてください。

そりゃー恐ろしいですぜ。ですから「もしや霊的な現象か?」という思いが、瞬間的に頭をよぎったりもしました。種明かしをすれば、妻からの連絡だったんですけどね。亭主が深夜の碓氷峠まで目的のよくわからないドライブに出かけたとなれば、そりゃー心配もしますわな。ちなみにそのときも、車内にはニール・ヤングが流れていました。

原点であるバッファロー・スプリングフィールド、あるいはクロスビー、スティルス、ナッシュ＆ヤング時代のみならず、ソロ・アーティストとしてもニール・ヤングには、名盤といわれる作品が数多くあります。たとえばすぐに思いつくのは、1970年の『アフター・ザ・ゴールド・ラッシュ』や1972年の『ハーヴェスト』など。しかし、さまざまなスタイルを取り入れてきた人でもあるので、リスナーひとりひとりのなかに「最高のニール・ヤング作品」があるのではないかと思います。

僕も同じで、1枚だけ選べといわれたらやはり『ハーヴェスト』を手に取る気がするのですが、その20年後に出た『ハーヴェスト・ムーン』もまた無視できないのです。タイトルからもわかるとおり、『ハーヴェスト』の続作という位置づけにある作品。『ハーヴェスト』のバック・バンドだったストレイ・ゲイターズが再結成して参加しており、どこか懐かしいアコースティックな作風も魅力的です。とはいえニール・ヤングのディスコグラフィーにおいてはあまり重要視されていないようでもあり、CDは（少なくとも国内盤は）廃盤、ハイレゾ化もされていないようです。そのため、当時はそれなりにヒットしたはずの〝ハーヴェスト・ムーン〟を聴くためには、『グレイテスト・ヒッツ』を利用するしかありません。
　そんな事情があるため、今回はオリジナル・アルバムではなく、このアルバムをチョイスしたのです。

　なお余談ですが、「リリースされてしかるべき作品が出なかったり、あるいはハイレゾ化されない」ことには、本国の事情が影響しているようです。ましてやニール・ヤングの場合、自らハイレゾ音源サイトを立ち上げて失敗したこともありますから、余計にハードルは高そう。したがって日本のレコード会社やe-onkyo musicに罪はないのですが、それはともかくぜひ『グレイテスト・ヒッツ』をチェックしてみてほしいのです。「ヘルプレス」「アフター・ザ・ゴールド・ラッシュ」「サザン・マン」など数々の名曲が続き、ラスト16曲目に「ハーヴェスト・ムーン」が登場したとき、きっとこの曲の魅力を実感できるはずだから。

いうまでもなく、僕にとっては碓氷峠でパッシングされた体験を思い出す曲でもあります。

21

ニール・ヤング
『グレイテスト・ヒッツ』

Neil Young『Greatest Hits』

　ニール・ヤング＆クレイジー・ホースの「ダウン・バイ・ザ・リヴァー」以下、「ヘルプレス」「アフター・ザ・ゴールド・ラッシュ」「孤独の旅路」、そしてマイケル・ムーア監督の映画『華氏911』のエンディングでおなじみ「ロッキン・イン・ザ・フリー・ワールド」など数々の名曲を経て、「ハーヴェスト・ムーン」へと行き着く計16曲。そんな流れを通じ、ニール・ヤングの長い歴史を把握できる。気に入った曲があったら、オリジナル・アルバムへ進んでみるのもいいかも。

もっと詳しく知りたい方は「e-onkyo music」名盤ページへ

https://www.e-onkyo.com/music/album/wnr093624931331/

22

ニーナ・シモン『ボルチモア』

尊敬する人が旅立った日の夜に染みた、ニーナ・シモンの隠れた名作

Nina Simone
『Boltimore』

iPhone のコール音が寝室に響いたのは、明け方4時のことでした。

「……うん……わかった」

電話の向こうにそう答える妻の声を聞いたとき、なにが起こったのか、すぐに理解できました。

そうか、逝ってしまったのか……。

義父との、本当の別れが確定した瞬間でした。ほんの少し前のお正月に会ったばか

りだったし、近いうちにまた会いに行くことになっていたのに。
肺がんが転移し、「ステージ4」と診断されていたことは、少し前から知らされていました。でも、それからがあっという間でした。

地方の貧しい家に生まれ育ち、妹や弟を高校に行かせるため、自分は進学を断念して中学卒業後に就職。以後は、ひたすら働き続けてきたという人物です。何度目かの転職で大手印刷会社の社員となり、僕の妻を含む4人の子どもを育てながら、定年まで勤め上げました。婿養子だったこともあり、その過程においては、ここに書けないようなつらい経験もたくさんしてきたようです。しかし妻によれば、どんなに理不尽な目にあっても文句や愚痴をいうことはなかったそう。本当に芯の強い人だったのです。僕のような人間には真似できないと感じていたけれど、だからこそ、義父から少しでも多くのことを学ばなければいけないと思ってもいました。ずっと、そう思っていました。

家にお邪魔し、初めて挨拶をした夜の記憶はいまだ鮮明です。ダイニングテーブルに向かって身を固めていると、しばらくしてスーツ姿の義父が帰宅。僕の背後で上着を脱ぎながら、こちらをじっと見ているようでした。そういうことって、空気感でなんとなくわかるじゃないですか。でも、なにも話そうとしないので、僕としても、ただ黙って座っているしかなかったのでした。

ところが、あとから聞いたら、そのとき義父は後ろから僕の頭をチェックしていただけだったらしいのです。そして僕が帰ったあと、彼女にこう告げたそうです。

「おい、あいつは禿げるぞ」

先見の明があったんだなぁ。

そんなエピソードからもわかるように、義父は基本的には天然な人で、ありがたいことに僕をかわいがってもくれました。というより、どうやら変なやつだとおもしろがっていたようです。だから以後も、遊びに行けば酒をしこたま飲まされました。酔った義父が演歌を歌い始めたときには、一緒になって歌ったりしたなー。僕は歌が苦手なのですけれど、なにしろ好かれたかったので一生懸命がんばったのです。

やがて6年ほどの歳月が過ぎ、結婚したいという意思を伝えに行くことになりました。僕は結婚願望の強い人間だったのですが、その反面で自分に自信がなく、「まだまだ結婚できるような人間ではない」と、いつも結婚の話を先送りにしていたのです。でも、やがて義父と義母が「あいつらは結婚するのか？」「しないでしょ」というようなことを話すようになったと聞き、これはまずい、もう先送りなどしていられないと決心したわけです。

かわいがられている（おもしろがられている）とはいえ、基本的には自分にも人にも厳しい厳格な人です。そのため、当日はたいへん緊張しました。

いつものダイニングテーブルに向かって、なぜか横並びに座り、彼女と結婚したい気持ちを伝えました。うまく話せているのかどうかも怪しいところでしたが、話し終えたとき、義父がひとことだけ口にしました。

「わかった、よくいった」

結婚したいと両親を訪ねたとき、「おまえを殴らせろ！」といわれたとか、そういう話をよく聞くじゃないですか。でも、殴られるどころか温かい言葉をかけてもらえたので、とても感動したことを憶えています。

結婚してからも、相変わらず義父は僕のことをからかいました。ゲテモノといわれるような食べ物が大好きな義父は、偏食である僕に食べられるわけがないとわかっているくせに、わざと謎の食べ物を「食え」と差し出すのです。つまり、「すみません！無理です」という僕の反応をおもしろがっていたわけ。悪趣味だなぁ。

義父の手帳の電話番号欄に書かれていた僕の名前の後ろに、「旅人・詩人」と書かれているのを見たことがあります。僕は旅人でも詩人でもありませんけれど、義父はやっぱり僕のことを〝ちょっとヘンなヤツ〟だと思っていたのでしょう。

２０１９年の正月、すなわち最後に会ったとき、帰りの車のなかで妻が「痩せたよねー」と話していました。僕には実感がなかったのですが、たしかにそのとおりだったようです。その証拠に、それからすぐ肺にがんが見つかり、しかも転移していたため手術もできない状態だったといいます。

「俺は死ぬんだよ」

有給をとって会いに行った息子に、義父はそういったそうです。なんと答えていいかわからなくて困ったという息子の気持ちも理解できましたが、そのとき一緒に酒を少しだけ飲んだというので、とてもよかったなと思っています。入院した病院ではもうどうにもできないということで、その後は家に戻り、お医者さんや看護師の方の協力のもと、24時間体制で看護していただくことになりました。

「先生、私はあとどれくらい生きられますか？」

義父が逝ったのは、医師にそんなことを尋ねた数日後のことでした。享年81。苦労が多かった方ですが、退職後は趣味の畑作業に従事し、孫にも恵まれ、穏やかに過ごすことができたのではないかと思います。

「終わりよければすべてよし」ということばがあります。物事でいちばん大切なのは結末で、そこに至る過程は問題ではないという意味。だとすれば、義父はいい人生を送ったということになるのではないかと思います。でも個人的には、最後に会えなかったことがとても悔しい。週末に会いに行く予定だったのに、その２日前に亡くなってしまったのですから、悔やんでも悔みきれません。

義父が旅立った日の夜、ひとり書斎でニーナ・シモンの『ボルチモア』を聴きました。１９７８年の作品で、ＣＴＩレーベルに残した唯一のアルバムでもあります。彼女とともにアレンジを担当したデヴィッド・マシューズ（p.）を筆頭に、エリック・ゲイル（g.）、ウィル・リー（b.）、アンディ・ニューマーク（ds.）などなど、バックを固めるのは当時のフュージョン・シーンの先鋭的ミュージシャンたち。

たとえば１９５９年の『Nina Simone at Town Hall』や67年の『Nina Simone Sings the Blues』など、ニーナ・シモンはこのアルバムよりずっと前から多くの名作を残しています。ある意味において『ボルチモア』は全盛期以降の作品であり、本人も制作段階から不満を抱いていたという話を聞いたこともあります。

とはいえ客観的にみれば、間違いなく水準以上の仕上がりだとも感じるのです。ランディ・ニューマンの楽曲をレゲエ・アレンジしたタイトル曲、ユニークな解釈がポイントになったホール＆オーツ「リッチ・ガール」のカヴァーなど、聴き逃せない楽曲が目白押し。世間的な評価がどうであれ、純粋に楽しめることは事実だから。ただし、この日に聴こうと思ったことには別の理由があったのでした。

それは、ここに収められている「マイ・ファーザー」というバラードを聴きたかったから。シンガーソングライター、ジュディ・コリンズの自作曲を焼きなおしたもの。こじつけですけれど、義父ということで〝父親〟にちなんだ曲を聴きたかったのです。それに義父とはいえ、僕にとっての彼は、実の父親に匹敵するかそれ以上の存在でした。「男はどう生きるべきか」ということを、〝そこにいる〟ことで教えてくれたという意味において。

お義父さん、どうか安らかに。

【追記】

この文章を書いたのは2019年3月のことですが、あれから早くも2年が経とうとしています。でも、義父が亡くなったことをいまだに実感できないんですよね。それはつまり、妻や僕や子どもたちの心のなかに、いまでも義父が生き続けていることの証なのだろうと思っています。

22

ニーナ・シモン
『ボルチモア』

Nina Simone『Boltimore』

ニーナ・シモンの作品としては唯一、クロスオーヴァー／フュージョン・シーンの重要レーベルとして有名な CTI からリリースされた1978年作。ランディ・ニューマンのカヴァーであるタイトル曲やダリル・ホール＆ジョン・オーツ「リッチ・ガール」もさることながら、ジュディ・コリンズ「マイ・ファーザー」が個人的には印象的。エリック・ゲイルのギターやウィル・リーのベースなど、バックのサウンドも完成度が高く、もっと評価されていい作品だと感じる。

もっと詳しく知りたい方は「e-onkyo music」名盤ページへ

https://www.e-onkyo.com/music/album/kicj2331/

23

ドナルド・フェイゲン『KAMAKIRIAD』

緻密な音が思い出させるのは、小さな商店街にあったレコード店の灯り

Donald Fagen 『Kamakiriad』

僕は学生時代から、ときに友だちから笑われるほど、結婚願望が強い人間でした。理由はきわめて個人的なものなので、わざわざここに書くようなことでもありませんけれど（書くべきでもないだろうしな）。しかしいずれにしても、一日も早く自分の選んだ人と家庭を築きたいと、ずーっと思っていたわけです。

ただ、彼女（妻）との交際期間が６年を過ぎても、なかなか結婚には踏み切れなかったのでした。２１６ページでも触れましたけれど、自分にまったく自信がなく、「俺のような未熟な人間に結婚なんて早すぎる」と考えすぎていたから。結婚してみたら、

結婚する前に未熟なのは当たり前の話であり、むしろ結婚してからのほうがずっと大切なのだということがよくわかったんですけどね。

ちなみに所帯を持ってからも何度か、下の世代の何人かの青年から、当時の僕と同じような話を聞く機会がありました。「結婚したいとは思うんですけど、まだまだ未熟で」みたいなことをね。それはかつての僕とまったく同じ気持ちだったものですから、気持ちは痛いほどわかったし、だからこそあえて、そのたびに結婚の魅力を熱く伝えたのでした。かくいう僕自身、たまたま新婚だった当時の上司から同じような話を聞かされたことが、とても参考になったので。

だからあえて申し上げるのですが、もし読者のみなさんのなかに結婚を躊躇している方がいらっしゃるとしたら、迷うことなくすぐに結婚すべきだと強く主張したいと思います。結婚って、理屈じゃなくて単純にいいものだから。

これもよく人に話すことなんですが、（少なくとも男の立場からすると）結婚って、あとには引けない〝責任の重さ〟が非常に心地よいんです。重たいなんてつらいと思われるかもしれませんが、そうではありません。その重さはつらいのではなく、心地よいものなんです。押しつけがましい話は好きじゃないし、「めんどくさいやつだなぁ」と思われてるかもしれませんけれど、それはあえて強調しておきたいんですよ。

さて、そんな僕が結婚したのは29歳のときで、そこから数年間は西武新宿線の西武柳沢という駅から少し離れた場所にある2DKのアパートに住んでいました。西武柳沢は、そもそも地味な西武新宿線沿線にあって、とりわけ地味な街です。僕が利用していた北口の駅前には「柳沢北口商店街」という小さな商店街があったのですが、かといって当然ながら、街を象徴する個性的な店が並んでいるわけではありませんでした。つまりは、いたって普通で、どこにでもありそうな商店街。

でも僕は、初めて住んだその街の、その商店街の地味さが大好きだったのです。たしかに特徴はないし、それどころか、時代に置き忘れられた街といった印象もありました。でも、それがいいのです。特徴がないからこそ、そこで暮らす人たちの生活感覚を共有できるような気がして。しかも歩いてみれば、そして通りすがりのお店にふらっと入ってみれば「この街で暮らしているんだな」と思えたし、なぜだか懐かしい気分にもなれたから。

買い物をしたいのであれば、電車で新宿まで出たり、バスで吉祥寺まで足を運んだほうがよっぽどいいものを買えるはずなんですけどね。でも、それとこれとは話が別。新宿や吉祥寺でしか買えないものならまだしも、地元で買えるものであるなら、あえて地元で買いたいわけです。そして、そう思わせてくれるような不思議な引力が、その商店街にはあったのです。もしかしたら、西武柳沢の商店街にそんな思いを抱いていたのは僕だけかもしれないけれど。

当時、その商店街に小さなＣＤ屋さんがありました。名前すら覚えてないけれど、おじちゃん（おばちゃんだったかな?）がひとりでやっている、これまたなんの変哲もないお店。あのころレコードやＣＤは吉祥寺の「DISK INN」か池袋の「WAVE」（いまやどっちもなくなっちゃいましたね）で買うことが多く、当然のことながら音楽ライターとしての情報収集手段としてもそれで充分でした。ところが、仕事帰りにそのＣＤ屋さんの前を通りかかると、なぜか無性に「なんか買っていこうかな」という気分にさせられたのです。

なにしろローカルな〝普通のＣＤ屋〟ですから、品揃えなど期待できるはずもありません。たとえば洋楽の棚を見てみれば、卸業者が持ってきた商品をそのまま置いているだけなんだろうなということが容易に想像できました。けれど、人影もまばらな夜の商店街でひっそり営業しているその店でＣＤを買うという「行為そのもの」が、自分にとっては大切だった（ように思えた）のです。

ドナルド・フェイゲンの11年ぶりのソロ・アルバム『KAMAKIRIAD』も、帰宅途中にその店で手に入れました。いつか買わなきゃと思っていたのですが、残業を追えての帰宅途中に立ち寄ったところ、たまたまあったから手に取っただけのこと。

毎月かなり膨大な量のレコードとＣＤを買っていたので、「ＣＤを買う」という行為自体に特段の思い入れがあったわけではありません。にもかかわらず、その店で〝特に珍しくもない当たり前のＣＤ〟を買うと、なぜかワクワクしたんですよね。だからいまでも『KAMAKIRIAD』を聴くと、仕事の疲れを抱えたままの帰り道の情景とか、不器用な新婚生活のエピソードとか、当時のどうでもいい記憶がいろいろ蘇ってしまうのです。

ドナルド・フェイゲンの代表作といえば、なんといっても１９８２年のファースト・ソロ・アルバム『ナイトフライ』ということになります。かつてスティーリー・ダン作品を手がけてきたゲイリー・カッツがプロデュースを務めた作品。シングル・ヒットした〝I.G.Y.〟を筆頭に、〝ニュー・フロンティア〟などの名曲を生んだことでも有名です。時代を超越した普遍的な魅力がありますし、オーディオ特性もよいためサウンド・チェックに使われたりすることも。そういう意味でも、絶対に外せない作品であるわけです。

一方、スティーリー・ダン時代のフェイゲンの相棒であるウォルター・ベッカーがプロデューサーとして参加したにもかかわらず、『KAMAKIRIAD』はそれほど高い評価を受けたわけではなかったように思います。『ナイトフライ』の完成度が高すぎたせいもあってか、このアルバムのことを否定的に捉える人は、決して少なくはなかった気がするのです。

しかし、そもそも大切なのは比較論ではありません。ベッカーが関わったことでスティーリー・ダン色がさらに濃厚になったこのアルバムにも、見るべき価値は充分にあるのです。たしかに『ナイトフライ』ほど突出した楽曲はないかもしれませんが、それでも完成度の高さは否定できないのです。だから、これはこれで正当に評価すべきだと僕は考えます。

オープニングの「トランス‐アイランド・スカイウェイ」や続く「カウンタームーン」、あるいは「トゥモロウズ・ガールズ」などに顕著な心地よくメロウなグルーヴ感は、まさにスティーリー・ダンそのもの。だから聴いていると、ことばにしづらい安心感があることに気づかされるのです。「だったらスティーリー・ダンを聴けばいいじゃん」とかツッコミを入れないこと。なぜなら、スティーリー・ダンの活動停止後にソロ活動を開始し、長いブランクを経て2作目を発表した時点でフェイゲンがこういう表現を〝選択したこと〟にこそ意味があるのですから。それに、このアルバムがあったからこそ、スティーリー・ダンの2000年の復活作『トゥ・アゲインスト・ザ・ネイチャー』が生まれたわけでもあります。

また、そうでなくとも僕にとって、やさしい質感が備わったこのアルバムは大きな意味があるのです。いうまでもなく、西武柳沢というローカルな街を思い出させてくれる作品だから。すなわち駅前商店街だけではなく、結婚したばかりの時期の思い出とも無理なくつながっていくわけです。

参加ミュージシャンやプロデューサー、レコーディング技術なども重要ですが、同じようにそういう体験との結びつきって、音楽の重要な要素だとは思いませんか？僕は、それってとても大切なことだと思うのです。

【追記】

この原稿を書いてから数年後、近くに用事があったためひさしぶりに西武柳沢で降りてみました。平日の昼間ではあったのですが、柳沢北口商店街には人の影もまばら。シャッターが下りている店もありましたし、あのCD屋さんも見当たりませんでした。それは大方の予想どおりでもあったのですが、ちょっと寂しかったかな。でも、静かな商店街を歩いていたら、不器用に夫婦の真似事をしていた当時の僕と妻のことを思い出したりもしたのでした。

23

ドナルド・フェイゲン『KAMAKIRIAD』

Donald Fagen『Kamakiriad』

　名作と名高い『ナイトフライ』から11年もの歳月を経てリリースされた、２枚目のソロ・アルバム。スティーリー・ダン時代のパートナーであるウォルター・ベッカーがプロデュースを担当していることもあり、往年のスティーリー・ダン色が濃厚に反映されている。フェイゲンとベッカーは、このアルバムを契機として19年ぶりのツアーを行い、そののちスティーリー・ダン を再結成させることになった。地味ながらも安心して聴ける秀作。

もっと詳しく知りたい方は「e-onkyo music」名盤ページへ

https://www.e-onkyo.com/music/album/wnr30243/

24

レッド・ツェッペリン『永遠の詩（狂熱のライヴ）』

Led Zeppelin『The Song Remains the Same』

深夜まで続いた男ふたりの〝ロック飲み会〟

またまたレンタル・レコード店のお話です。「またかよ」とツッコミを入れられてしまいそうですが、その店での体験は、僕にとってそれだけ大きなものだったのです。どうかその辺をご理解いただき、本を閉じないようにお願いします（哀願）。

ある晩、初めて見た男性が数枚のレコードをカウンターに置き、「入会したいんですけど」と低い声でいいました。視線を上げて顔を見ると、いかにも渋い風貌の人でした。ニューヨーク・ドールズを経てハートブレイカーズを率いたパンク黎明期の偉人、ジョニー・サンダースの日本版という感じ。もしくは、あのころ人気のあったストリート・スライダーズのメンバーだった人だと紹介されたとしても、もしかしたら信じてしまっていたかもしれません。

どっちにしてもわかりにくい表現ですけれど、要はいかにもロックな感じだったということ。しかもその人は、僕が大好きなレコードを借りようとしていたのです。たしか、キリング・ジョークの『What's THIS For...』と、ギャング・オブ・フォーの『Solid Gold』。思わず、「これ、すごくいいんですよ」というと、Kさんという1歳年上のその人がニヤッとしたのでした。

「え、なんですか？」

「いや、好みが合うなと思って……」

そんな返事が返ってきた時点で、価値観を共有できることは明らかになったわけです。そのため、あっという間に〝客対店員〟という関係性を飛び越え、たまたま家が近かったせいもあって、飲み友だちになっていったのでした。

旭川出身だというKさんは、四谷のデザイン事務所に勤めていたグラフィック・デザイナーでした。レス・ポールを愛用するギタリストでもあり、その当時は新しいバンドのメンバーを探していました。

それから半年か一年経ったころにはメンバーが決まり、新宿のＡＣＢ（アシベ）というライヴハウスまで晴れのステージを観に行ったことがあります。そのバンドのもうひとりのメンバーは１８５ページに登場するチャーリーで、つまりそのバンドは、貸しレコード店で僕がふたりを仲介したことから誕生したのでした。あれはなんだか不思議な感じだったなぁ。

僕の家からＫさんの住むアパートまでは歩いて15分くらい。しかも道中には酒屋兼コンビニのような店があったので、そこでビールとウイスキーとつまみをたくさん買い込み、向こうの事情などおかまいなしに「酒買ってきましたー！」と乱入していたわけです。いくらお土産つきだとはいっても、いま考えればずいぶん強引なことをしていたなぁ。しかしＫさんは、それでも文句をいうでもなく受け入れてくれたのでした。

ワンルームのその部屋を訪ねると、Ｋさんはほぼ例外なく、酒を飲みながらレコードを聴いていました。ドアを開けると真正面に小さな台所スペースがあり、部屋には右側にベッド、真正面の低い棚にステレオ、左側にはスピーカーとテレビ。家具が黒で統一されていたのはあまり好みではなかったものの、それもまた男っぽいＫさんらしくはありました。

いかにもモテそうな人だったので、そんな調子で乱入を続けていたら、そのうち彼女と鉢合わせしてしまうのではないかと思っていたのですが、本人によれば「彼女はいない」のだとか。「うっそだー、なんでー？」と失礼なツッコミを入れると、返ってきた答えに驚かされもしたのでした。なぜって、こんなことをいい出すのです。

「そりゃー俺だって彼女はほしいけどさ、でも実際につきあうことになると、『日曜日はどこに行こうか』とか考えるのがめんどくせえじゃん」

そういうことを考えるのが大好きだった僕にとって、その考え方はとうてい理解できるものではなく、だからこそ非常に新鮮でした。

ただし、そうはいってもイケメンなので、女性関係が皆無だったわけではなかったようです。つまり、飲み屋で知り合った女の子とかと、うまい具合に要所要所でよろしくやってはいたということ。別にどうでもいいんですけど。

ともあれＫさんのアパートで飲む酒は、それはそれはうまいものでした。僕はいまでもキャバクラなんかに行くより、気心の知れた男同士で無駄話をしながら飲む酒がいちばんうまいと感じているのですが、その価値観は、あの部屋で培われたといっても過言ではありません。ポテトチップやスルメを肴に安い酒を飲み、ロックのレコードを次から次へと、いま思えばかなりの大音量でかけつつ、ただバカ話をしながら飲むわけです。

そこにはほとんど、深刻な会話はなかったように思います。ただただふたりで、好きな音楽を聴きながら「ここがかっこいいんだよ！」「ここもシブい！」などとどうでもいいことで盛り上がるわけです。そのせいか、さんざん聴き慣れたレコードも、Ｋさんの部屋で聴くとなぜだか新鮮に聞こえたりしたのでした。

あのころのことで印象的なのは、レッド・ツェッペリンのライヴ映画『永遠の詩（狂熱のライヴ)』のVHSを観たときのことです。

ご存知の方も多いと思いますが、これは1973年にニューヨーク・マディソン・スクエア・ガーデンでのライブ映像を収録したもの。オープニングの「ロックンロール」がスタートした時点で、なんだかもう僕らは非常に盛り上がったのでした。

ジミー・ペイジの〝タメ〟のあるギターのかっこよさ、ジョン・ボーナムのドラムの威力、ジョン・ポール・ジョーンズのストイックなベースライン、そしてロバート・プラントのヴォーカルの華やかさなどが、重要な話題として狭い部屋を盛り上げてくれたわけです。

「ロックンロール」や「ミスティ・マウンテン・ホップ」のグルーヴ感、「貴方を愛し続けて」のブルース感覚、「天国への階段」の壮大さ、「モビー・ディック」の重量感、「胸いっぱいの愛を」の強烈な説得力など、話題のタネはいくらでも出てくるという感じでした。

しかもこの映画は、ところどころに幻想的なイメージ・シーンが挿入されるのです。もちろんそれらは、レッド・ツェッペリンというバンドが持つ気高さを表現するための装置だったわけです。ところが、こちとら酔っ払っているのです。ぐでんぐでんになりながらそんな映像を目の当たりにしていると、やがてロバート・プラントの神々しささえ笑いの種になってしまうのでした。たいして大きくもないテレビの画面を見ながら、「おおっ、神々しい！」とかいいながらふたりで大笑いしていたので、アホくさくて話になりません。

そんなことを続けているうち、僕のほうが先に酔い潰れて眠ってしまったのですが、Kさんはそれでも文句をいわず、毛布をさっとかけてくれ、あとは放っておいてくれるのでした。

「明日、水族館に行こうと思うんだ」

ある日のこと、荻窪ルミネの雑貨屋でたまたま会ったKさんは、目の前に並んでいる小物を物色しながらそういいました。

「水族館？　なんでですか？」

「いや、水族館に行こうと思ったからだよ」

話がちっともわからなかったのですが、よくよく聞いて見ると、会社を辞めることがきっかけだったようです。ずっと仕事のことで、この先どうするべきか悩んでいて、やっと辞める決心がついたら、なんとなく「水族館に行こう」と思ったということのよう。

ただ、それだけの話です。でも、その話を聞いたとき、なんだかグッときてしまったのです。

Ｋさんは、バカな話で大笑いするようなことはあったにしても、深刻な悩みや怒りなどの感情を見せる人ではありませんでした。けれど当たり前ですが、そんな人にも悩みはあるわけです。そのためひとりで悩み、考え、答えを出し、すべてが落ち着いたところで「水族館に行こう」と思ったということ。うまくいえないのですが、僕の目には見えない場所に、そんな小さなストーリーがあったことに心を打たれたとでもいうのかな。

Ｋさんは、それから少しして会社を辞めたようでした。そして、とくに理由もなく、僕らが会う機会もなくなっていきました。

最後に会ったのは、それから数年後、チャーリーの結婚式の席でした。正装をしていたこともあったのでしょう、なんとなくヘンな感じでした。僕もそのころには、広告の仕事に就いて数年が経っていました。Kさんも、どこかでまだデザイナーをしていたようでした。

あのとき、あれだけバカなことをしていたのに、（結婚したチャーリーも含め）全員が多少なりとも社会人っぽくなっていることが不思議に思えました。ただ、そうはいっても少しばかりことばを交わせば、また数年前に逆戻りして、どうでもいいことで大笑いをしはじめたりするわけです。

その後、Kさんは故郷の旭川に帰ったそうで、以来、一度も会っていません。でも、あの濃密でバカな時間があったからこそ、いつか再会できる日が来たら、そのときにはまた大笑いできるのだろうなと思っています。

そして、その〝どうでもいい記憶〟がとてつもなく大きな意味を持ってしまったので、『永遠の詩（狂熱のライヴ）』を聴くと、やはり熱いものが込み上げてきてしまうのです。映像はしばらく見ていませんけれど、あの部屋での思い出があるので、音だけでも充分に盛り上がれてしまいます。

24

レッド・ツェッペリン
『永遠の詩（狂熱のライヴ）』

Led Zeppelin『The Song Remains the Same』

1973年7月27〜29日に、ニューヨーク、マディソン・スクエア・ガーデンで開催されたステージの模様を収録したライヴ・アルバム。映画『狂熱のライヴ』のサウンドトラックでもある。オリジナルLPは、計11曲を収録した2枚組として発売された。ジミー・ペイジのギター、ジョン・ポール・ジョーンズのベース、ジョン・ボーナムのドラム、ロバート・プラントのヴォーカルと、バンドとしての力量が理想的な形で反映された紛うことなき傑作。

もっと詳しく知りたい方は「e-onkyo music」名盤ページへ

https://www.e-onkyo.com/music/album/wnr603497862733/

25

エムトゥーメイ『ジューシー・フルーツ』

Mtume『Juicy Fruit』

20年以上続くことになったＤＪイヴェントの源流はここ

ヒップホップ、あるいは「リミックス」と呼ばれる手法を通じてＤＪカルチャーに感化され、ターンテーブルとミキサーを買ったのは１９８０年代中ごろのこと。まだＤＪがそれほど知られていない時代でしたから、近所にあったサトームセンの店員さんに「テクニクスのSL-1200 MKIIというターンテーブルを2台ください」とお願いしたら、「に、2台ですか?」と驚かれたものです。ちなみに渋谷にあったＤＪ専門店ではなくサトームセンで買ったのは、そのほうがマヌケでおもしろいような気がしたからです。

ターンテーブルの扱いにも慣れてからしばらくは、小さなパーティーや場末のソウル・バー、埼玉県の端っこにあったボウリング場などのローカルな場所で〝ＤＪの真似事〟をしていました。

話はそれますが、そのボウリング場でＤＪをすることになったのには理由があります。企画室にいた知人から「今度、リニューアルするんだよね」と聞いたので、「これからの時代はＤＪブースをつくらなきゃ！」と冗談半分で提案したところ、なんと本当につくってくれたのです。

ところが肝心のＤＪがいないということで、毎週末にＤＪを担当することになったということ。しかも20時ごろから24時まで担当して時給は２０００円だったと記憶しているので、いかにもバブルな時代です。そもそもボウリングをしにくる人のなかにＢＧＭを気にしている人なんかほとんどいませんでしたが、おこづかいをもらって練習しているようなものだったので、なかなかいい機会ではありました。

吉祥寺にあったレコード屋さんのスタッフから、「ＤＪイヴェントをやりませんか?」と声をかけられたのは、それからまた何年か経ったころ。その人はレコード屋さんで働きながらクラブ・イヴェントのオーガナイズもしており、吉祥寺に新しいクラブができるというタイミングで声をかけてくださったのです。

ずっとローカルな場所でしかやったことがなく、いつかクラブでもプレイしたいものだと思っていたのですから、まさにチャーンス！　そこで快諾したところ、戻ってきたのは、「イヴェント名はなんにしますか?」という予想外の質問。そんなこと考えたこともなかったので、ちょっとだけ慌て、ノリで「じゃあ、〝Juicy〟で」と答えたのでした。鳴り物入りで登場したニューヨークのザ・ノトーリアスB.I.G.というラッパーのファースト・シングル〝Juicy〟が大好きだったからです。ぶっちゃけ、それだけのことです。

いまでこそ「スターパインズカフェ」のような老舗があるとはいえ、吉祥寺は昔からクラブ不毛の地でした。井の頭線に乗れば20分弱で渋谷に出られるので、あえて吉祥寺のクラブで遊ぶことを選ぶ人は決して多くなかったのです。そんなこともあり、メンチカツで有名な「さとう」の向かいにあったそのクラブにもまったく人が入らず、数回やった時点で「これでは意味がない」と感じたのでした。

そこでＤＪの須永辰緒さんに相談し、彼が立ち上げたばかりだった渋谷の「オルガンバー」に場所を移したのです。

この判断は間違っていなかったようで、音楽ライターとして多少は名前が出ていたこともあり、月に1回、木曜日夜のイヴェント〝Juicy〟にはたくさんのお客さんが来てくれるようになりました。さらには、他の複数のクラブでも同時開催することになり、それから数年後には同じ渋谷の「THE ROOM」へと場所を変えました。

そればかりか、同コンセプトのコンピレーション・アルバムやガイドブックを出すこともでき、ありがたいことに好評をいただくことができました。なんとなく名前をつけたイヴェントが、思いのほか成長してしまったわけです。策略めいたものがあったわけではなく（そういうの苦手だし）、すべては流れに任せただけだったので、運がよかったんだなと感謝するばかり。

ところでブラックミュージック・ファンはご存知の方も多いと思いますが、そもそもザ・ノトーリアスB.I.G.の「Juicy」には仕掛けがあります。などというと大げさに聞こえますが、早い話がエムトゥーメイというファンク・バンドのR&Bクラシック「ジューシー・フルーツ（Juicy Fruit）」をまるまるサンプリングした曲だったのです。これはブラックミュージック・ファンなら誰でも知っているような名曲なので、つまり〝Juicy〟はR&B・ファンとヒップホップ・ファンを取り込むことに成功したということ。

エムトゥーメイは、マイルス・デイヴィスのバンドに在籍していたこともあるパーカッション奏者のジェイムス・エムトゥーメイが、同じマイルス人脈のギタリスト、レジー・ルーカスとともに立ち上げたグループ。プロデュース・チームとして、ロバータ・フラックやステファニー・ミルズなど多くのアーティストの作品を手がけてきたふたりは、1980年作『レインボウ・シーカーズ（In Search of the Rainbow Seekers）』に次ぎ、83年に「ジューシー・フルーツ」を含む同名アルバムをリリースしたのです。

サード・シングルになったソリッドなファンク・トラック「グリーン・ライト」で幕を開け、超絶メロウな「ジューシー・フルーツ」が登場。エレクトリック・ファンクの「ヒップス」を挟んだのち、セカンド・ヒットの「ウッド・ユー・ライク・トゥ」へと緩急をつけながら進んでいくアルバムは抜群の完成度。マイルス・バンドでの実績と洗練されたセンスが、見事に融合した作品だといえます。無駄な楽曲は一切ないだけに、〝クラシック〟として語り継がれていることにも文句なしで納得できるわけです。

いまさら説明するでもないことですが、ここでいう〝クラシック〟とは、時間の経過を意識させることのない力を持った普遍的な楽曲のこと。どのジャンル、たとえばヒップホップやR&Bにも〝クラシック〟と呼ばれる曲がたくさんありますよね。それは、そのジャンルに属する音楽を好きな人たちにとって、とても意味のあるものでもあります。

しかしイヴェント〝Juicy〟を続けて行った結果、僕はやがてそこに疑問を感じるようになっていったのでした。「いつまでも同じ曲ばかりかけていていいのだろうか?」と。そんなこと考える必要なんかないのですけれど、時間の経過とともにイヴェントに人が集まらなくなっていくなか、あのころは不安や焦りを感じていたのかもしれません。そして、それは〝DJを続ける虚しさ〟へと形を変えていき、20世紀になった少し経ったころ、DJをやめようと決意したのでした。サトームセンで買ったターンテーブルも、一台を友人に譲りました。

下北沢にある「メンフィス兄弟。」という変わった名前のDJバーのオーナーから、「Juicyを復活させてほしい」というお話をいただいたのは、たしか東日本大震災の直後でした。なにしろDJはやめたつもりだったのでお断りしていたのですが、熱心に説得していただけたため再開を決意。ターンテーブルも買いなおし、その店で〝Juicy〟は復活したのです。いまやその店で2番目に古いイヴェントになっているそうなので、これまたありがたい限り。そればかりか新宿「カブキラウンジ」で始めた〝Another Side of Juicy〟というパーティーも数年間続けているので、自分でも驚くばかりです。

コロナの影響でお休みが続いてはいるのですが、決して終わったわけではありません。それどころか最近では、エムトゥーメイ～ザ・ノトーリアスB.I.G.という流れから生まれた〝Juicy〟は、もしかしたら僕が生きている限り続いていくのではないだろうかとすら感じています。

25

エムトゥーメイ
『ジューシー・フルーツ』

Mtume『Juicy Fruit』

ジェイムス・エムトゥーメイは、マイルス・デイヴィスのエレクトリック期、名作『アガルタ』『パンゲア』などに参加していたパーカッション奏者。本作は、彼が立ち上げたエムトゥーメイの最高傑作。同じくマイルス・バンドにいたサックス奏者のゲイリー・バーツ、Pファンクの要人であるキーボード奏者のバーニー・ウォーレルなど、参加ミュージシャンも注目に値する。表題曲は、ザ・ノトーリアス B.I.G. の “Juicy” など数多くの楽曲でサンプリングされていることで有名。

もっと詳しく知りたい方は「e-onkyo music」名盤ページへ

https://www.e-onkyo.com/music/album/sme886445204612/

26

Nas『Illmatic』

1990年代
NYヒップホップ・シーンの重要人物に、
8時間も待たされた話

NAS『Illmatic』

音楽ライターになったのは、31歳だった1994年の春でした。

同業者とくらべるとちょっと遅めのスタートだったのですが、振り返ってみればあのころは、とにかく「やらずにはいられない」という気持ちが大きかったように思います。勤めていた広告代理店で求人広告をつくる仕事は同じことの繰り返し、早い話がルーティン・ワークです。

慣れていたから楽だったのですけれど、だからこそなにかを得ることは期待できない世界でもありました。一般的な広告制作とは違って、クリエイティヴとはほど遠かったのです。青山時代は納得できる仕事ができましたが、それは時代がバブルだったからにすぎません。そのため、「なにか、自分が自分でいられることをしたい」というような気持ちが高まっていったのではないかと思います。

では、なにができるのか？　そのことについて考え抜いた結果、行き着いたのが音楽ライターだったというわけ。音楽も、そして文章を書くことも大好きだったからです。ところが、どうやったら音楽ライターになれるのかがわかりません。そこで編集者の友人に「音楽ライターになりたいんだけどどうしたらいいの？」と相談してみたところ、「持ち込みだよ」との答え。

なるほど、持ち込みか。それはいいことを聞いたぞ。そう感じ、それ以前からレコードを買うたびに書きためていた原稿を8つの編集部に送ったのでした（その後、持ち込みをする人なんかいないと知ることになったのですが）。

8つの編集部というと驚かれるかもしれませんが、当時は有名無名を含め、多くの音楽雑誌があったのです。という話はともかく、その結果、「いちばん難しいだろうな」と思っていた『ミュージック・マガジン』誌で書けることになったのでした。

実はそのころ、音楽ライターになるまでには半年くらいの修行期間みたいなものがあって、それをクリアしたら書けるようになるのだろうと漠然と考えていました。いま考えればそんなことはあり得ないし、世間知らずにもほどがあるという感じですが、それほど厳しい世界だと思っていたのです。

だから編集長に「来月から書いてもらおうと思って」といわれたときには、思わず「えッ?」と声を上げてしまいました。なんとも純粋だったよなぁ。ともあれ、そんな経緯を経てその年の4月、『ミュージック・マガジン』誌に初の原稿が掲載されたのです。そして、同じ月に長男が生まれました。だから自分の活動期間を計算したいとき、僕は息子の年齢を思い出せばいいのです(便利)。

初めて書いた原稿は、ニューヨークのラッパー、Nasのデビュー・アルバム『Illmatic』のレビューでした。当時21歳だったNasは、新人とは思えないほど高度なラップ・スキルと、〝詩〟としての評価に値するリリック（歌詞）によって、デビュー前から高い評価を受けていた男です。

ラージ・プロフェッサー、DJプレミア、ピート・ロック、Q・ティップなどトップ・プロデューサー陣が参加した『Illmatic』も、デビュー・アルバムであるにもかかわらず即クラシック化。この一枚によって、やや停滞気味だったニューヨーク・ヒップホップの勢いが一気に増したのでした。

なお、音楽ライターとしてインタビューした3人目のアーティストもNasでした。先輩ラッパーのビズ・マーキーとともに来日し、いまはもうない六本木の「Jungle Bass」というクラブでライヴを開催したときのことです（そのため、ビズ・マーキーにもインタビューしました。つまり、2人目のインタビュー対象がビズ）。

当初、編集部からは「16時に楽屋でインタビューしますので」といわれていたので、そのつもりで準備をしていました。しかし当日のお昼ごろに編集長から、「17時に六本木の中華料理店を予約しましたので、そこに変更です」との連絡が。「中華料理を食べながらNasにインタビューできるなんて最高だなー」と思っていたら、夕方近くにまた電話が入り、「やっぱり20時に楽屋で」とのこと。この時点で、わけがわからなくてちょっとウケていたのですが、お楽しみはそれだけで終わりませんでした。

なにしろ約束の時刻に楽屋へ行っても、Nasなんかいないのです。しかもプロモーターに連絡してもらったところ、「どうやら寝てるみたいですねぇ」といぅ、信じられないような返答。その公演はレコード会社を通さず、プロモーターが仕込んだものでした。そのため、のちのち問題が起きたりもしたのですが、僕が巻き込まれた小さなトラブルは、その前哨戦のようなものだったのかもしれません。とはいえ寝てるんじゃどうにもならないので、とにかく待つのみ。広い楽屋でブラブラしていたら、23時半ごろになってNasがようやく現れました。つまり、8時間ぐらい待たされたことになります。

ひとことでいえば、ふてぶてしい男でした。遅刻について謝るでもなく、椅子に浅く腰掛けてマウンテンデューとペプシの1リットルのペットボトルを両手で持って同時に飲んでいたのが印象的。ぶっちゃけ、態度はよろしくなかったわけで。

しかし嫌な感じはしなかったし、無理もない話だとも感じていました。なにせ決して裕福とはいえない環境に育ったのち、才能だけを武器に10代でのし上がってきた男なのですから。それに、ただガキっぽいだけではなかったのです。生意気なんだけれどおとなしく冷静で、21歳のわりには落ち着いた印象。少し枯れた声で伏し目がちに語るその仕草からは、不思議な知性が感じられたのでした。

しかも、それから数十分後にステージに飛び出すと、持ち前のスキルとアクティヴな動きによって観客をがっちりとキャッチしてしまったのです。ついさっきまで下を向いていた子とは思えないほどの、圧倒的なアーティスト性を感じさせてくれたわけです。

ところで話は変わりますが、ハイレゾの魅力としてまず最初に思い浮かぶのは、「解像度」の高さではないでしょうか？　解像度が高いがゆえに、あたかも目の前でアーティストが歌っているような、あるいは演奏しているようなリアリティを実感できるということ。

ただ、その魅力は生演奏でこそ発揮されるものだという気もします。逆にいえば、ヒップホップのようなデジタル・サウンドにはあまり向いていないとも考えられるわけです。

でも『Illmatic』を初めてハイレゾで聴いてみたとき、少しだけ印象が変わったのも事実。奥行きが増し、ボトムの図太さが増したような印象があったのです。いわゆる「ハイレゾ的な音」ではないかもしれないけれど、当時の最先端だったヒップホップ・サウンドが、下からぐいっと持ち上げられるようなかたちでレベルアップしていたというか。

「The Genesis」から「N.Y. State of Mind」に続く冒頭の流れに顕著なのですが、よくも悪くも音が塊になっているからこそ、ヒップホップのダイナミズムが浮き彫りになる。そして、続く「Life’s a Bitch」では、ギャップ・バンド「Yearning for Your Love」をサンプリングしたメロウ・グルーヴがより心地よく聞こえます。

サンプリングといえば、マイケル・ジャクソン「Human Nature」を使用した「It Ain’t Hard To Tell」も素晴らしいし、アーマッド・ジャマル・トリオの「Love Music」をセンスよく用いた「The World Is Yours」なども秀逸。

天才ラッパーの実力を第一線のプロデューサーたちががっちりサポートしているだけに、無駄な曲がひとつも存在しないのです。だから、リリースから24年も経っているのに、まったく古さを感じさせません。それどころか、初めて聴く人にも充分に新鮮だと思います。

さて、『Illmatic』の発売から26年が経過しているので、同じ年に生まれた息子も24歳になりました（注：２０１８年時点）。いまでは一緒にＤＪをやったりしているのですが、あるときサラッとNasの「Nas Is Like」という曲をかけたので、思わず笑ってしまいました。

あいつはあのとき、どういう気持ちで「Nas Is Like」をかけたのかな？　Nasとのちょっとした縁については話したことがあったと思うのですが、きっと忘れていたのではないかという気がします（それでいいのだ）。

26

Nas
『Illmatic』

NAS『Illmatic』

西海岸のギャングスタ・ラップ全盛期に、東海岸ヒップホップの底力を見せつけた歴史的名盤。ラージ・プロフェッサー、DJ プレミア、ピート・ロック、Q・ティップなど当時のニューヨークを代表するプロデューサー陣が、10代にしてその名をとどろかせた若きラッパーの才能を、見事に引き立てている。リリカル・センス、ラップ・スキル、そしてサウンド・プロダクションと、すべてが完璧で、1曲たりとも無駄な曲がない、本当の意味でのヒップホップ・クラシック。

もっと詳しく知りたい方は「e-onkyo music」名盤ページへ

https://www.e-onkyo.com/music/album/sme886444072496/

27

バド・パウエル『ザ・シーン・チェンジズ』

Bud Powell『THE SCENE CHANGES – THE AMAZING BUD POWELL VOL.5』

奇跡のピアノ・トリオが掘り起こしてくれるのは、三鷹のジャズ・バーで人生を教わった記憶

30代半ばから10年ちょっとのあいだ、中央線沿線の三鷹という街に住んでいました。ひとつ手前の吉祥寺とくらべるとやや地味ではあるものの、静かで落ち着きがあり、住みやすい街だったことを覚えています。だから作家や編集者などが少なからず住んでいることにも、充分納得できたのでした。

そんな三鷹の南口、吉祥寺に近い側の飲み屋街に、「Blue Moon」という小さなジャズ・バーがあります。通うようになったのは、別の店で飲んでいるとき、たまたま横

に座っていた青年と会話をしたことがきっかけでした。

「うちの親父が、すぐそこでジャズ・バーをやってるんですよ」

聞けば、本業と並行してジャズ・バーを経営しているのだとか。話を聞きながら強く関心を抱いたのは、開業当時のエピソードがめちゃめちゃファンキーだったからです。

あるとき、その息子が家に帰ると、買ったばかりの新車がガレージから消えていたというのです。そこで不思議に思って父親にたずねたところ、「売った」との返事。ジャズ・バーを開くにあたり、ＪＢＬのスピーカーを買うお金が足りなかったため車を売りに行き、その足でオーディオ・ショップへ向かってＪＢＬのスピーカーを買ってきたらしいのです。その話を聞いたとき、「絶対にヘンな人だ」と確信し、絶対に偵察してみる必要があると確信したわけです。そこで行ってみたらマスターはやっぱりヘンな人でしたが、店は思っていた以上に居心地がよく、いつの間にやら通い詰めるようになっていたという展開。

Ｌ字型のカウンターと小さなテーブル席がある程度の、こぢんまりとした店です。

際立っておしゃれだったりするわけではないけれど、マッキントッシュのアンプとJBLのスピーカー（ターンテーブルとCDプレイヤーは失念）でジャズを聴かせてくれる、きわめてオーソドックスな空間。

　僕はここでマスターのかけるジャズを聴きながら、「なるほど、いい音っていうのは、こういう音のことをいうんだな」と感じたことがあります。そういう意味でも、お世話になった店。

　ちなみにそれだけではなく、僕にとってのマスターは、ある意味で人生の師でもあります。なぜって、振り返れば「生き方」についてのいろいろなことを教えてもらったから。といっても、別に押しつけがましく説教されたわけではありません。ただ、ちょっとした話から学ぶことがとても多かったのです。

　マスターの本業はパタンナーだそうで、つまりは洋服づくりの裏方さん。昼間はその仕事をしており、その一方で、当時はデニムのプライベート・ブランドもやっていました。何本か購入したことがありますが、なかなか履き心地の良いジーンズでした。つまりはパタンナーを軸として、自分にできるさまざまなことをやっていたのです。

本業に加えてジャズ・バーなんかやったら、時間がいくらあっても足りないのではないかとも思いますが、それはこちらの勝手な考え方。マスターにとって、アパレルの仕事とジャズ・バー経営は天秤にかけられるものではなかったようです。つまり、どちらも「やりたくてたまらないこと」であり、だとしたら、やるのが当然だろうということ。そう考えれば、車を売ってＪＢＬを買ったという大胆な決断にも納得できます。

しかし当然のことながら、「好きなこと」をするには相応のリスクが伴うもの。ましてやデニムのブランドもジャズ・バーも、ドカンと儲かるものではないはずです。でも、「つらさ」のようなものを微塵にも感じさせない強さがマスターにはあるのです。

あの店にちょくちょく顔を出していたころ、僕はお金のことで悩まされる毎日を送っていました。だったら飲みに行ったりするなよとツッコミが入りそうですけれど、精神的に追い詰められたときにあの店に行くと、なんだか心が癒され、がんばろうという気持ちになれたのです。

とはいえマスターは、僕が落ち込んでいたとしても決して慰めたり勇気づけたりするような人ではありませんでした。しかし、うわべだけのやさしいことばをかけられるより、そのほうがずっと心地よかったのです。

たとえば、他にお客さんがいなかったある晩、経済的にうまくいかないことについての悩みを打ち明けてみたことがありました。そんな愚痴を聞かされたって、答えようがないに決まっています。でも、いわずにはいられないほど追い詰められていたのでしょう。したがって、あのときの僕は、返ってくるであろう答えになにかを期待していたのかもしれません。ところがマスターの答えはこちらの想像を超えたものでした。

「経済的にちっとも楽にならないんですけど、こういう状態っていつまで続くんですかね」

「一生」

低い声で、スパっと明快に、たったそれだけ。そのひとことからは、なんの迷いも感じられませんでした。つまり、それはきっと、マスターの人生経験に基づいた答えだったのです。自分が同じような道を通ってきたからこそ、明確に返答することができたわけです。それがわかったから強い説得力を感じ、すぐに気持ちがスーッと穏やかになっていくのを感じました。

好きなことをやってるんだから、そりゃそうだよな。

そう実感できたため、なんだか救われたような気がしたわけです。そして、「自分が本気で進んで行かない限り、いつまで経っても救われないよ」といわれたようにも思えました。素直に「これからもがんばろう」と思えたのは、きっとそのせい。

Blue Moonではよく、伝説的なジャズ・ピアニストとして知られるバド・パウエルの『ザ・シーン・チェンジズ』がかかりました。ていねいにチューニングされているのであろうＪＢＬのスピーカーから冒頭の「クレオパトラの夢」が聞こえてくるたび、音のリアリティによって興奮を呼び起こされ、その反面で気持ちが落ち着いてきたものです。

リズム感に満ちたキレのいいピアノを弾くパウエルが、ブルーノート・レーベルに残した〝ジ・アメイジング〟シリーズの最終作。１９５８年12月29日にニュージャージーでレコーディングされたピアノ・トリオ作品で、ポール・チェンバースのベース、アート・テイラーのドラムスとの相性も抜群。パウエルの持ち味のひとつである唸り声もばっちり収められており、耳を澄ませて聴いていると、あたかもすぐ目の前で聴いているようなリアリティがあるのです。

何十年もの歳月を経てきたなかで、何度聴いたかわからないほど馴染みのある作品。でも、まったく飽きることがなく、それどころか聴くたびに新鮮な気持ちにさせてくれる力があります。そして聴いていると、十数年前にあの店に通っていたころの記憶が蘇り、その思いはこのアルバムが収録された１９５８年12月29日のニュージャージーにまでつながっていくような気がするのです。

いま僕は、本来の地元である荻窪に住んでいます。こっちに戻ってきてから、早いものでもう十数年。電車に乗ればたった3駅なのに、夜に三鷹へ足を運ぶことはほとんどなくなってしまいました。でもBlue Moonは健在のようだし、この原稿を書いていたらマスターに会いに行きたくなってきたので、ひさしぶりにお邪魔してみようかな。

27

バド・パウエル
『ザ・シーン・チェンジズ』

Bud Powell『THE SCENE CHANGES - THE AMAZING BUD POWELL VOL.5』

ブルーノート・レーベルに残した“ジ・アメイジング”シリーズの最終作であると同時に、バド・パウエルの最高傑作と名高い作品。ベースにポール・チェンバース、ドラムスにアート・テイラーを従え、1958年12月29日にニュージャージーでレコーディングされた。ときに唸り声を上げながら鍵盤に集中するパウエルのピアノは、情熱的であり、メランコリック。シンプルなトリオ編成であるにもかかわらず、驚くほど色彩豊かな空気を生み出している。

もっと詳しく知りたい方は「e-onkyo music」名盤ページへ

https://www.e-onkyo.com/music/album/uml00600753810545/

28

ボビー・ブラウン『ドント・ビー・クルエル』

関西の友人を思い出させてくれるニュー・ジャック・スウィング

Bobby Brown『Don't Be Cruel』

「『俺たち、親友だよな！』みたいに公言するような関係を、友情と呼ぶのはおかしい。何年ぶりかで再会したとしても、あたかも数日ぶりで顔を見たかのように自然につきあえるのが、本当の友情」

10代のころ、ラジオで誰かがそんなことを話しているのを聞き、大いに納得したことがあります。たしかに、本当に信頼関係でつながっているのであれば、わざわざ友だちアピールをする必要はありませんものね。そのくらいゆるい関係であるほうが、かえって長続きするものなのでしょうし。

過去の著作のなかでも何度か書いたことがあるのですが、僕にはＪＡＭＡというニックネームの友人がいます。その男と僕は、まさにそんな関係。関西の人間なのでたまにしか会えないのですけれど、会えば自然に、それこそ数日ぶりに会ったような感覚で同じ時間を共有できるのです。

考えてみれば、知り合ってからもう20年以上の歳月が過ぎています。時の経過は早いものだなと感じずにはいられませんが、そんな不思議な友情は、エムトゥーメイの項でも触れたＤＪイヴェント〝Juicy〟がきっかけで生まれたのでした。

１９９４年に音楽ライターになってから、僕はヒップホップやR&Bに関する記事を書いたり、専門誌の編集をしたりしていました。ＪＡＭＡは、そんな僕の仕事に注目してくれていて、90年代の終わりごろ、「神戸でJuicyをやってほしい」と連絡をくれたのです。そんなわけでトントン拍子に話が決まり、それ以後も何度かＤＪとして神戸に呼んでもらうことになったわけです。

もやしの製造販売をする会社に勤めるサラリーマンだったＪＡＭＡは、熱烈なＲ＆Ｂマニアでもありました。そのため地元のソウル・バーなどとの人脈を駆使し、クラブ・イヴェントのオーガナイズも積極的に行っていたようでした。

つまり最初はオーガナイザーとＤＪという関係だったのですが、信頼感は会うごとに深まっていきました。おかしな表現ですけど、「こいつとは中途半端なつきあいはできないな」というような思いがどんどん強くなっていったのです。もちろん誰とも中途半端なつきあいなんかする気はありませんけれど、ＪＡＭＡの冷静さや判断能力などを目の当たりにするたび、「信頼に値する相手」だと感じずにはいられなかったということ。向こうはどう感じているか知りませんが、少なくとも僕はそう思っていました。

ＪＡＭＡは１９８０年代のブラック・コンテンポラリー（ブラコン）や、80年代後半に一世を風靡したニュー・ジャック・スウィングに強い思い入れを持つ男です。そもそもＪＡＭＡというニックネーム自体が、〝Slow Jammer〟の略なのですから。スロウジャムとは「スロウでメロウなＲ＆Ｂナンバー」のことですが、つまりはそのあたりの音楽に、並々ならぬ愛着を持っているということです。

念のために書き添えておくと、スロウジャムの代表格というべきブラコンは、都会的で洗練された雰囲気を持つソウル・ミュージックを指します。おおざっぱにいえば、アニタ・ベイカーやルーサー・ヴァンドロスのようなタイプの上品な音楽。そして後者は、ハネたリズムを特徴とするダンス・ミュージック。昔、テレビの番組で「ダンス甲子園」というコーナーが流行りましたが、あそこで流れていたのがニュー・ジャック。ＪＡＭＡは１９７０年生まれだというので、中高生のころにあの番組の洗礼を受けたのかもしれません。

スロウ・ナンバー中心のブラコンと、ダンス・ミュージックであるニュー・ジャック・スウィングでは音楽性が対称的ですが、当時のニュー・ジャック・スウィングのアルバムにはバラード・ナンバーも当然ながら収録されていて、それらはブラコンの要素を多分に含んでいたんですよね。僕もそのあたりはリアルタイムで体験してきているので、両者にハマる人間の気持ちもよーくわかるわけです。

ＪＡＭＡは、ボビー・ブラウンの熱狂的なファンでもあります。ご存知の方も多いかとは思いますが、ボビー・ブラウンは、ティーンエイジャーのころにニュー・エディションというキッズ・グループのメンバーとしてデビューし、脱退後にはソロ・アーティストとして大成功を収めた人物。のちに結婚したホイットニー・ヒューストンへのＤＶ問題などがきっかけで急速に人気を落とすことになりますが、少なくとも１９８０年代後期から90年代初頭にかけては大きな影響力を発揮したのでした。そういえば、彼の服装や髪型を真似た〝ボビ男くん〟が大量発生したことも話題になりましたね。

最大のヒット・アルバムといえば、〝ボビ男くん〟増殖のきっかけにもなった１９８８年の『ドント・ビー・クルエル』。タイトル曲や「マイ・プリロガティヴ」「エヴリ・リトル・ステップ」に代表されるニュー・ジャック・ナンバー、「ロニ」「ロック・ウィッチャ」などのバラードと、数々の名曲を生み出したモンスター・アルバムです。僕もよく聴いたもので……というよりは、むしろそれは当然のことだったと表現するべきかも。なにしろシングル・ヒットしたこれらの曲はラジオでもさんざんオンエアされており、ブラック・ミュージック・ファンではない人でさえ慣れ親しんでいたからです。

そういえば当時いた会社の忘年会でも、チャラい営業マンがボビーの真似して踊ってたなー。

さて、話をＪＡＭＡに戻しましょう。かなり前に独立した彼は現在、会社員時代の経験を生かしてもやしの卸業を営んでいます。家は神戸にあって、そちらでは奥さんと愛犬が暮らしているのですが、大阪のどまんなかにも事務所兼別宅を持っているそう。週の半分は事務所に寝泊まりして仕事をしつつ、神戸との間を往復して優雅な生活を送っているというのです。そんな距離感が夫婦関係にもいい影響を与えているようですが、そういうことをスマートにできてしまうところに、彼の頭のよさが見え隠れするわけです。やっぱり憎たらしいわー。

しかも、それだけではありません。１年ほど前、趣味と実益を兼ねた副業として、千日前にソウル・バーを開店しやがったんですよ。しかも店の名前が「Bar Blackon（バー ブラコン　日本語表記は〝黒紺〟）」って、まさに１０００％趣味の世界。ところが訪ねてみたら、予想以上に居心地のいい空間だったのでした。カウンターの真正面に飾られたボビー・ブラウンの大きなポスターを眺めながら聴いた「ロック・ウィッチャ」は最高だったなー。

ボビーのポートレイトもキマっている「ブラコン」の店内

神戸にちょくちょくＤＪをしに行っていた２０００年くらいのころ、ＪＡＭＡに無理なお願いをしたことがありました。阪神淡路大震災で親を亡くした子どもたちをサポートする「レインボーハウス」という施設が神戸にあることを新聞で知り、どうしても訪ねてみたくなったのです。自分にできることは、それくらいのことしかないと感じていたから。そこで夜にＤＪを控えたある日の午後、ＪＡＭＡに事情を話し、レインボーハウスまで連れて行ってもらったのでした。

「じゃあ、ちょっと行ってくるわ」と声をかけて車から降り、玄関まで歩いているとき、そこで生活しているらしい大学生から「こんにちは」と声をかけられました。穏やかなその声を耳にしたとき、「ここはきっといい施設なんだな」と感じたことを覚えています。

見学を終えて外に出ると、ＪＡＭＡはさっきと同じように車の運転席で僕を待っていてくれました。そして助手席に僕が座ると、黙って車を発進させました。「どうでしたか？」などと感想を求めてくるでもなく、淡々と運転を続けるＪＡＭＡを視線の端に感じながら、「やっぱりこいつは信頼できるな」と思ったものです。

それだけの話ですが、それは僕にとって、「俺たち、親友だよな！」と肩を組むことよりもずっと意味のある出来事だったわけです。

28

ボビー・ブラウン
『ドント・ビー・クルエル』

Bobby Brown『Don't Be Cruel』

ティーン・グループとして大成功を収めたニュー・エディションのメンバーだったボビーは、その活動と並行しながらソロ・シンガーとしてのキャリアも形成していった。その人気を頂点まで到達させたのが、1988年にリリースされたこのセカンド・アルバム。全米1位となった「マイ・プリロガティヴ」「ドント・ビー・クルエル」以下、「エヴリ・リトル・ステップ」「ロニ」「オン・アワ・オウン」と、ヒット・シングルを連発。R&B アイコンとしての存在感を見せつけた。

もっと詳しく知りたい方は「e-onkyo music」名盤ページへ

https://www.e-onkyo.com/music/album/uml00602507461775/

29

ノラ・ジョーンズ『ノラ・ジョーンズ』

単身上京してきた友人が連れて行ってくれた店で、20年近く前に聴いた思い出

Norah Jones『Come Away With Me』

長らく一匹狼で生きてきたのです。なーんて書くと妙にかっこよく聞こえちゃいますが、別に自慢できるようなことだとも思ってはいなくて、結果的にそうなっていただけの話。ましてや他者に対して必要以上に壁をつくる気もないし、基本的には社交的な部類に入るとは思うのですけれど、とはいえ元来〝群れる〟ことが好きではないのです。

しかも、SNS上で趣味を共有するようなグループならまだしも（個人的にはそれにも興味はないけど）、仕事の世界で群れているような人たちを見ると抵抗感を否めないわけです。どんな業界にも、〝仲よしグループ〟をつくりたがるような人たちがいるじゃないですか。学生時代ならともかく、いい年齢の社会人が必要以上にワイワイと群れているようなスタンスがどうも理解できないんですよね。

もちろん社会で生きることは大変ですから、群れていたほうがなにかと楽ではあるのでしょう。僕のいる文筆業者の世界でもそうで、たとえばライターが3人集まってお茶をすれば、業界についての愚痴だけのために時間が浪費されたりするのです。何度かそういう場に紛れてしまったのですが「愚痴や悪口で盛り上がるような場所にはいたくない」と強く感じたものです。

端的にいえば、〝群れる〟とは〝自分〟で勝負できないということの証ではないでしょうか？　異論もあるでしょうし、偉そうなことを主張できるほど、自分が完成された人間だとも思ってはいません。しかしそれでも、僕は〝群れない〟生き方を選びたいのです。傷を舐め合うような関係性ってあまり気持ちのいいものではありませんし、意外に脆いものだろうとも思うから。

ましてや群れずに生きていくということは、必ずしも〝孤独〟を意味するものではないと感じます。群れずにひとりで生きていたとしても、そこに誠実さがあればつながるべき人とは必然的につながるはず。事実、僕にも〝群れる〟とは別の意味で大切に思っている同業者が何人かいます。そういう人は、とてもいい仕事をするものです。

また、そうすれば、助け合いの精神が自然に生まれることにもなるでしょう。だから、困っている知り合いがいたら僕も（微力であっても）力になりたいと思うし、逆にこちらが困ったときにも、誰かが助け舟を出してくれたりするもの。実際に助けられたことも少なくありませんが、そういう、「近づきすぎず、離れすぎず、でも、深い信頼で結ばれている関係」にこそ意味があると思うのです。

とある音楽関連の会社に勤めていらっしゃるOさんと知り合ったのは、たしか21世紀になったばかりのことでした。ある雑誌の音楽特集に関わった際に編集者から紹介され、僕の手持ちのレコードを数枚お貸ししたのが交流のきっかけ。

電話越しにもハキハキと快活で屈託がなく、「あ、この人は間違いないな」と感じました。だから、レア盤をお貸しすることにも、まったく不安はなかったのです。

ところが、「一週間ほどでお返しします」という話だったにもかかわらず、一ヶ月くらい経ってもレコードは戻ってこず、連絡すら途絶えてしまったのでした。ただ、それでも疑う気にはなれなかったんですよね。過去には、貸した本を返さないまま逃げた人などもいたのですが、Ｏさんは違うという確信めいたものがあったからです。根拠はなかったけれど、そんなことをする人とは圧倒的に違う〝なにか〟があるように感じていたというか。

でも残念なことに、いくら待っても連絡はありませんでした。そこであるとき「一週間で返していただけるというお話でしたよね？」とメールを送ったところ、予想もしていなかった展開が。すぐに届いた返事には、こう書かれていたのです。

「申し訳ございません。実は○○という病気で入院しており、先日退院したばかりでした。たいへんご迷惑をおかけしてしまいました」

あわわわわ。まさか、そんなことになっていたとは。

とはいえずいぶん時間が経っていたので、瞬間的には「嘘をついているのではないか？」と疑いの気持ちを抱いたりもしました。が、そんな気持ちはあえて封印し、信じることにしました。その結果、「ご挨拶も兼ねて、手渡しでお返しさせてください」「じゃあ、ちょっと飲みましょうか」という流れになったのです。


待ち合わせたのは、渋谷駅前QFRONT上階の居酒屋だったと記憶しています。

「このたびは、ほんとうにご迷惑をおかけしました」

Oさんは見るからに誠実そうで、ビシッと頭を下げる姿は、卑屈さを微塵も感じさせませんでした。それどころか表情や物腰には、「謝るべきことは、ただきちんと謝る」という、凛とした姿勢が表れているようにすら思えました。連絡がとれなかったときは不安にもなったけれど、やはり魅力的な人だったのです。僕は勘が鋭いほうではありませんが、このときばかりは自分の勘を信じてよかったと思ったものです。

大阪の出身で、少し前に家族と東京に転勤してきた方でした。しかし仕事の面においては東京の知人は皆無だったため、誰に頼るでもなく、自分の足で人脈を広げていったのだとか。その過程で知り合った編集者から、僕のことを紹介されたという流れだったわけです。「自分でやる」ことを当然と考え、行動している点に好感を覚えました。自分でやるからこそ、強い信頼関係が構築されるんだろうなと強く感じたからです。それは、僕が疑問を感じずにはいられない〝群れたがる人たち〟とは正反対の考え方でした。

「リイシュー盤が出たら必ず買ってしまう」というほど熱心なキッス・ファンです。しかしキッスだけではなく、すべての音楽に対する好奇心を抑えきれない人。その貪欲さ、純粋さ、正直さがとても心地よかったし、向こうも僕を受け入れてくれたので、一気に距離が縮まりました。だから、そののち一緒に仕事をするようになり、ちょくちょく飲みに行くようにもなったのでした。

「兄貴、渋谷の『グランドファーザーズ』に行きませんか？」

あるとき、そんな誘いを受けました。ご存知の方も多いと思いますが、「グランドファーザーズ」は渋谷にある老舗のバー。70年代を中心としたロックやポップスなどを、アナログ・レコードで聴かせてくれる店です。いつでも行ける距離にもかかわらず、僕は一度も行ったことがなかったのですが、いい機会だし、もちろんOKしました。

ちなみに僕より少しだけ年下のOさんは、なぜかその当時からずっと、僕のことを「兄貴」と呼んでくれています。ちょっと気恥ずかしいのですけれど、しかしそれもまた彼の個性なんだろうなと思ってそのままにしています。

Oさんと訪れたグランドファーザーズは、予想以上に居心地のいい店でした。学生時代、先輩に連れて行ってもらったバーみたいな雰囲気。木製のインテリアもレトロそのもので、レコードの音色がとても似合っていました。

「東京に来てから、僕はいつもひとりでここに来てたんですよ」

ウィスキーのグラスを手に持ってニッコリと笑いながら、Oさんが話してくれました。単身で知らない街に飛び込んできて、70年代っぽいバーのカウンターで音楽を浴びながらストレスを発散していたのでしょう。ストレス発散の方法も多種多様ですが、なかなかいい趣味ではないかと思います。

ふと会話が途切れたタイミングでレコードが変わり、ノラ・ジョーンズの『ノラ・ジョーンズ』が流れはじめました。ブルーノート・レーベルから彗星のごとく登場した彼女が、２００2年に発表した記念すべきデビュー・アルバム。グラミー賞8部門を受賞した名作です。

70年代のレコードをかけるグランドファーザーズで２０００年代の音楽がかかったのは意外な気もしましたが、とてもシンプルな作品なので、まったく違和感がなかったのも事実。オープニングの「ドント・ノー・ホワイ」が流れ始めた時点で、温かみのあるサウンドとヴォーカルが店内に同化していくような気がしました。もともと録音状態がいいため演奏の立体感も際立っており、かといってとげとげしさはなく、カウンターに並んでウィスキーをなめる僕らのために歌ってくれているようなリアリティを感じさせてくれたのです。

大好きな作品でしたから、もちろんその時点でさんざん聴き尽くしてはいました。

にもかかわらず、Ｏさんとグランドファーザーズで聴いたら、まるで初めて聴いたかのような新鮮味を感じもしたのです。その余韻が心地よかったので、帰宅後にも書斎でまたこのアルバムを聴きました。オリジナル・タイトル曲でもある「カム・アウェイ・ウィズ・ミー」でのちょっとした息遣いを耳にしたとき、なぜか涙が出そうになりました。

　数年前に新宿の「カブキラウンジ」という店でＤＪをしているとき、友人がかわいい女の子を連れて現れました。「友だちです」と紹介されたその子は、話を聞いてみたらＯさんと同じ会社に勤めているとのこと。そこでＯさんを知っているか聞いてみたら、「もちろん知ってます。ものすごく怖い方」と、意外すぎる答えが返ってきたのでした。

「えーっ、Ｏさんって怖いの？」

「怖いですよ」

　怯えたように答える彼女に、「Ｏさんは僕のことを〝兄貴〟って呼んでくれるんだよ」と話したら、とても驚いていました。当たり前かもしれないけれど、どうやら社内でのOさんは、僕の知らない〝怖い上司〟だったようです。
それを知ったとき、また彼への信頼感が大きくなった気がしたのでした。

29

ノラ・ジョーンズ
『ノラ・ジョーンズ』

Norah Jones『Come Away With Me』

　インドの有名なシタール奏者、ラヴィ・シャンカールを父親に持つジャズ・ピアニスト兼シンガーが、名門ブルーノート・レーベルから2002年にリリースしたデビュー・アルバム。ジャズをベースにソウル、ポップス、フォーク、カントリーなど雑多な音楽の要素を過不足なく取り入れた心地よいサウンドは、世界的に広範なリスナーから支持されることに。全米アルバム・チャート１位を記録し、グラミー賞でも最優秀アルバム賞以下８部門を受賞した。時代を超えた不朽の名作。

もっと詳しく知りたい方は「e-onkyo music」名盤ページへ

https://www.e-onkyo.com/music/album/uml30151/

30

フィービ・スノウ『Phoebe Snow』

息子が書斎に入ってきた、誕生日の夜のＢＧＭ

Phoebe Snow
『Phoebe Snow』

私ごとで恐縮ですが、数日前の２０１９年7月9日に誕生日を迎え、57歳になってしまいました。「なってしまいました」なんて書いたのは、ここまでくると、多少なりとも「よくわかんねえなぁ……」と感じてしまうからです。ぶっちゃけ、57歳という年齢をどう受け止めたらいいのか判断がつかないんですよね。

精神年齢が低いせいだと思うのですけれど、僕はもともと年齢には無頓着なほうでした。だから30歳くらいの子が「もう歳なんでぇ」とか話してるのを聞くとつい笑ってしまい、「じゃー50代後半の俺はどうなんの?」と意地の悪いツッコミを入れてしまったりしていたのです。逆にいえば、「もう歳なんでぇ」と口に出してしまう時点で、「おいおい青年、それは若さの証明ってもんだぜ」と感じてしまうということ。少なくとも僕にとって、それはあんまりかっこいいことではないわけです。

だから、自分でも意識的にその手の発言をすることは避けてきたのです。けれど、50代も後半になると、少しばかり感じ方が変わってもきたんですよね。

なにしろ現実問題として、サラリーマンなら定年を意識せざるを得ない年齢です。僕はフリーランスなので定年がないのですが、とはいえ還暦のすぐ手前ではあるわけで、そう考えると「ちょっとウケる」という、まるで他人事のような思いとともに、ささやかな戸惑いを隠しきれなくもあるのです。

いずれにしても誕生日パーティーなどをやっていただきたいとも思いませんし、もはや〝誕生日はただ誕生日〟。ただ、そうはいっても他の日とは違う〝特別感〟を感じたいとは思ったので、せっかくだからひとりの時間を楽しむことにしたのでした。

といっても、少し夜更かしをし、書斎でゆっくり音楽を聴いたり本を読んだり、ひとりの時間をいつもより意識的に過ごしたというだけの話。ズッコケそうになるくらい当たり前すぎることではありますが、たったそれだけのことで、心のどこかにゆとりが生まれるような気もしたのです。なにしろ単純な性格ですから。

57回目の誕生日の夜のＢＧＭに選んだのは、１９７４年に大ヒットしたフィービ・スノウのファースト・アルバム『Phoebe Snow（邦題『サンフランシスコ・ベイ・ブルース』）』でした。フィービ・スノウは、ブルース、ジャズ、クラシック、フォークなど、さまざまな音楽を吸収し、独自の世界観を築き上げたシンガーソングライター。僕は昔から、「フィービ・スノウがフィービ・スノウである以上はすべてを受け入れる」と断言してしまえるほど彼女の音楽が大好きなのです。

オーガニックで心地よく、すんなりと耳に飛び込んでくるから、ＢＧＭとしても邪魔にならないし、じっくり聴けば染みてくる。彼女の作品には、そんなオールマイティな魅力があるんですよね。

アコースティック・ギターの音色が心地よいオープニングのブルース・ナンバー

〝Good Times (Let The Good Times Roll)〟は、ゴスペル・シンガー、サム・クックのカヴァー。オリジナルももちろんいいのだけれど、フィービの声と歌い方が好きな僕にとっては、こちらのほうがより好みかもしれません。もちろん以後も文句なしで、柔らかなピアノの音色がほどよいアクセントになった〝Harpo's Blues〟、そして名曲〝Poetry Man〟と続く冒頭の流れが最高。さらにアコースティック・ギターとスティール・ギターのバランスが絶妙な〝Either Or Both〟、国内盤ではアルバム・タイトルにもなっていた〝San Francisco Bay Blues〟も絶妙です。全体を通じて、シンプルなサウンドが包容力ある彼女のヴォーカルを引き立てていることをはっきりと実感できるのです。

なお、LPだとここまでがA面で、残り4曲はB面収録曲です。その後半1曲目〝I Don't Want The Night To End〟が中盤に差しかかったころ、息子がいきなり書斎に入ってきました。我が家ではたまに、そういうことがあるのです。ビールのロング缶を持ちながらふらっと現れ、「これ知ってる?」といいながらYouTubeを開いておすすめのラッパーのMVを見せてくれるようなことが。

思えば息子が小さいころからいろいろ聞かせてきたため、結果的には無意識のうちに「ヒップホップ英才教育」をしていたことになるのです。だから気がつけば、ヒップホップについての感覚を共有できる仲になっていたということ。

ところが、この夜に関してはいつもと少し違っていました。というのも、なにやら細長い紙袋を渡してきたのです。

「誕生日おめでとう。赤ワイン。安物なんだけど……」

まさか、そんなことをしてくれるとは……。先にも触れたように誕生日会やプレゼントなどまったく期待していなかったので、本当に驚きました。心の準備ができていなかったもので「お、おお……いいのに……。ありがとう……」と、非常に曖昧なリアクションをするのが精一杯だったのですが、正直なところ、やっぱりうれしかったなぁ。

そういえば前の晩に妻と誕生日の話をしているとき、「何歳になったの？」と息子が聞いてきたっけ？　あの時点で、やつは策略を練っていたのだろうか？

世間には、〝友だちみたいな親子〟みたいに呼ばれている、あるいは本人たちも少なからずそう意識している人たちがいますよね。仲はいいほうだと思うので、僕と息子も周囲からそう思われているふしがあります。僕らを知る友人から、「親子の新しい形ですね」なんていわれたこともあるし。

ただ僕は（たぶん息子も）、そういうのがあまり好きじゃないんです。それどころか、「友だちみたいな親子なんですよー」と公言しているような人を見ると、かなりの違和感を覚えるのです。その人たちが満足しているのならいいのですけれど、僕はまったくそんな関係を望んでいないので。

仲がいいことは素晴らしいと思いますが、それでも〝親子〟という関係性ははっきりしておくべきだと考えるのです。「親だから偉そうにする」という意味ではなく、その〝線〟はしっかり押さえておかないと、お互いにとってよくないと思うから。だいいち、仲がよく見えたとしても、そこに至る過程においては取っ組み合いをしたこともあったし。

だからこそ、彼がプレゼントを持ってきてくれたりすると、うれしい反面、ちょっと恥ずかしく、そして申し訳なく感じてしまったりもするのです。なぜって、果たして僕が本当に理想的な父親だったかといえば、決してそうではなかったと思っているから。

遠い過去には、無責任な言動で傷つけてしまったこともあった気がするしな……。自分が間違っていたと思い当たることについては謝ったこともあるのですけれど、いくら親だとはいえ、謝ったらそれで済むことばかりではありませんしね。癒えない傷だってあるんだから。

だから僕は、彼が相応の敬意を示してくれるたび、未熟だった過去の自分について反省させられたりもするわけです。こういう話を何度か本人にもしたことがあって、そのたびに「全然気にする必要ないし、なんとも思ってないよ」といってくれたのですけれど、だとすればなおさら、今後も親として誠実に生きていかなければいけないなあと感じるわけで。

その夜はいつものようにヒップホップ大会が始まることもなく、息子はすぐ自分の部屋に戻っていきました。ふと気がつくと、『Phoebe Snow』は終わりから2曲目の

〝It Must Be Sunday〟まで進んでいました。

そしてこの夜、さんざん聴き込んできたこのアルバムに、新たな意味が加わったような気がしたのでした。

【追記】

冒頭にもあるように、この原稿を書いたのは２０１９年７月、つまり１年半くらい前です。そこから変わったのは、息子が一人暮らしを始めたこと。距離的にはさほど遠くないのですが、「いつまでも実家にいるべきではない」という思いがずっとあったようなのです。ところがコロナ禍とタイミングが重なってしまったため、１Ｋのアパートでのリモートワークを余儀なくされている様子。もう親の出る幕はあまりないとも思いますが、なんとかがんばってほしいものです。

30

フィービ・スノウ
『Phoebe Snow』

Phoebe Snow『Phoebe Snow』

豊かなオリジナリティを持つシンガーソングライターであるフィービが、1974年にリリースしたデビュー・アルバム。各曲に適したアプローチを探し出すため、カリフォルニア州ロサンジェルス、テネシー州ナッシュビル、オクラホマ州タルサの３箇所でレコーディングが行われた。シングル・カットされた「ポエトリー・マン」が大ヒットし、ブルースからジャズ、クラシック、フォークまで、あらゆるジャンルを横断した音楽性を持つ。その音楽性が広く認知されることになった。

もっと詳しく知りたい方は「e-onkyo music」名盤ページへ

https://www.e-onkyo.com/music/album/uml00602537545094/

おわりに

「はじめに」でも触れたように、本書を刊行するにあたっては「アルバム・ジャケット写真が掲載できない」という大きな壁に打ち当たることになりました。それは紹介している音楽そのもののイメージが伝わりにくいという弊害を生み出しもしますから、「プロダクトとしての完成形がイメージできない」と、頭を抱えることにもなったのです。僕はデザインこそしない（できない）ものの、できる限り〝見え方〟も意識すべきだと考えているので。

しかし「どうしたらいいのか？」と悩んでいるとき、あることを思い出したのでした。かつて、ある雑誌の連載のために、本書の１６６ページにも登場する漫画家の江口寿史先生が僕をモチーフにしたイラストを描いてくれたことを。

それを使わせてもらえばいいのではないかと考えた瞬間、すべてのイメージがつながりました。そこで先生にお願いした結果、今回の2枚のイラストを使わせていただけることになったのです。先生によれば、表紙になっている後ろ姿の作品が僕をモチーフにしたものだそう。モデルとしてポーズをつけたわけでもないのに、「あ、これは自分だ」と思わざるを得ない完成度になっているため、さすがだと感動したものです。なお、もう一枚の作品に描写されているのは、僕が暮らしている中央線の荻窪駅近く、杉並公会堂の手前にある歩道橋です。

これらを描いてもらったのはもう20年近く前のことだと思いますが、どちらの作品もとても気に入っていたので、ふたたび光が当たることになり、うれしく感じています。江口先生のイラストといえば、かわいい女の子のイメージがありますよね。だから、僕のような男がモチーフになっているというのは、なかなかレアではないでしょうか（女の子のほうがキャッチーだけど）。

それから、本書が生まれるきっかけをつくってくれた人物として、e-onkyo music の祐成秀信さんにも感謝の意をお伝えしたいと思います。シカゴでDJをしていた経験もお持ちの方であるだけに、音楽の知識も愛情も豊富。その真摯な姿勢からは、ずいぶん多くのことを学ばせていただきました。

本人は記憶にないかもしれませんが、渋谷の「もりげん」というソウル・バーで飲んだときにお聞きした話が印象的でした。83ページ、ホストマザーのジョイスのことについて触れたドゥービー・ブラザーズに関する記事を読んでくださり、「涙が出そうになった」といってくださったのです。読んだ人を泣かそうだなんて考えてもいなかっただけに、それをお聞きしたときには、この連載をやってよかったと純粋に感じたものです。だから、いまでも「これを読んだら、祐成さんはどう感じてくれるかな？」などと思いながら原稿を書いています。

しかし考えてみると、知り合ったのは連載が始まる前。つまりは少なく見積もってもすでに4〜5年のおつきあいということになります。時の経つのは早いもの。熱く議論を交わし合ったこともありましたが、それがあったからこそ現在があるわけだとも思っています。

そうそう、もうひとり、毎回その連載を編集してまとめてくださっているe-onkyo musicの塚本祐美子さんのことも外すわけにはいきません。毎週メールでやりとりをしているのに、一度もお会いしたことがないというあたり、いかにもオンライン社会という感じ。とはいえその地道な作業なくしては、連載も成り立たなかったのです。だとすれば本書も成り立たなかったということにもなるだけに、この場で改めて感謝の意をお伝えしたいと思います。

また、編集担当の三田智朗くんにもお世話になりました。カツカツのスケジュールを見事に調整してくれたので、本当に助かりました。ちなみに本書の締め切り時期は、三田くんがお父さんになる時期でもありました。脱稿が近づく状況下で健康な男の子が産まれたそうなので、本当によかった。でも実際のところ、大変なご苦労だったと思います。お世話になりました。